陳布雷從政日記

（1940）

The Official Diaries of Chen Pu-lei, 1940

民國日記 | 總序

呂芳上
民國歷史文化學社社長

　　人是歷史的主體，人性是歷史的內涵。「人事有代謝，往來成古今」（孟浩然），瞭解活生生的「人」，才較能掌握歷史的真相；愈是貼近「人性」的思考，才愈能體會歷史的本質。近代歷史的特色之一是資料閎富而駁雜，由當事人主導、製作而形成的資料，以自傳、回憶錄、口述訪問及日記最為重要，其中日記的完成最即時，描述較能顯現內在的幽微，最受史家重視。

　　日記本是個人記述每天所見聞、所感思、所作為有選擇的紀錄，雖不必能反映史事整體或各個部分的所有細節，但可以掌握史實發展的一定脈絡。尤其個人日記一方面透露個人單獨親歷之事，補足歷史原貌的闕漏；一方面個人隨時勢變化呈現出不同的心路歷程，對同一史事發為不同的看法和感受，往往會豐富了歷史內容。

　　中國從宋代以後，開始有更多的讀書人有寫日記的習慣，到近代更是蔚然成風，於是利用日記史料作歷史

研究成了近代史學的一大特色。本來不同的史料，各有不同的性質，日記記述形式不一，有的像流水帳，有的生動引人。日記的共同主要特質是自我（self）與私密（privacy），史家是史事的「局外人」，不只注意史實的追尋，更有興趣瞭解歷史如何被體驗和講述，這時對「局內人」所思、所行的掌握和體會，日記便成了十分關鍵的材料。傾聽歷史的聲音，重要的是能聽到「原音」，而非「變音」，日記應屬原音，故價值高。1970 年代，在後現代理論影響下，檢驗史料的潛在偏見，成為時尚。論者以為即使親筆日記、函札，亦不必全屬真實。實者，日記記錄可能有偏差，一來自時代政治與社會的制約和氛圍，有清一代文網太密，使讀書人有口難言，或心中自我約束太過。顏李學派李塨死前日記每月後書寫「小心翼翼，俱以終始」八字，心所謂為危，這樣的日記記錄，難暢所欲言，可以想見。二來自人性的弱點，除了「記主」可能自我「美化拔高」之外，主觀、偏私、急功好利、現實等，有意無心的記述或失實、或迴避，例如「胡適日記」於關鍵時刻，不無避實就虛，語焉不詳之處；「閻錫山日記」滿口禮義道德，使用價值略幾近於零，難免令人失望。三來自旁人過度用心的整理、剪裁、甚至「消音」，如「陳誠日記」、「胡宗南日記」，均不免有斧鑿痕跡，不論立意多麼良善，都會是史學研究上難以彌補的損失。史料之於歷史研究，一如「盡信書不如無書」的話語，對證、勘比是個基本功。或謂使用材料多方查證，有如老吏斷獄、

法官斷案，取證求其多，追根究柢求其細，庶幾還原案貌，以證據下法理註腳，盡力讓歷史真相水落可石出。是故不同史料對同一史事，記述會有異同，同者互證，異者互勘，於是能逼近史實。而勘比、互證之中，以日記比證日記，或以他人日記，證人物所思所行，亦不失為一良法。

從日記的內容、特質看，研究日記的學者鄒振環，曾將日記概分為記事備忘、工作、學術考據、宗教人生、游歷探險、使行、志感抒情、文藝、戰難、科學、家庭婦女、學生、囚亡、外人在華日記等十四種。事實上，多半的日記是複合型的，柳詒徵說：「國史有日歷，私家有日記，一也。日歷詳一國之事，舉其大而略其細；日記則洪纖必包，無定格，而一身、一家、一地、一國之真史具焉，讀之視日歷有味，且有補於史學。」近代人物如胡適、吳宓、顧頡剛的大部頭日記，大約可被歸為「學人日記」，余英時翻讀《顧頡剛日記》後說，藉日記以窺測顧的內心世界，發現其事業心竟在求知慾上，1930年代後，顧更接近的是流轉於學、政、商三界的「社會活動家」，在謹厚恂恂君子後邊，還擁有激盪以至浪漫的情感世界。於是活生生多面向的人，因此呈現出來，日記的作用可見。

晚清民國，相對於昔時，是日記留存、出版較多的時期，這可能與識字率提升、媒體、出版事業發達相關。過去日記的面世，撰著人多半是時代舞台上的要角，他們

的言行、舉動，動見觀瞻，當然不容小覷。但，相對的芸芸眾生，識字或不識字的「小人物」們，在正史中往往是無名英雄，甚至於是「失蹤者」，他們如何參與近代國家的構建，如何共同締造新社會，不應該被埋沒、被忽略。近代中國中西交會、內外戰事頻仍，傳統走向現代，社會矛盾叢生，如何豐富歷史內涵，需要傾聽社會各階層的「原聲」來補足，更寬闊的歷史視野，需要眾人的紀錄來拓展。開放檔案，公布公家、私人資料，這是近代史學界的迫切期待，也是「民國歷史文化學社」大力倡議出版日記叢書的緣由。

導言

劉維開
國立政治大學歷史學系教授

一

　　陳布雷（1890 年11 月15 日－1948 年11 月13 日），
浙江慈谿人，原名訓恩，字彥及，筆名布雷、畏壘。早年
為記者，之後從政，歷任國民政府軍事委員會侍從室第二
處主任、國防最高委員會副秘書長、中國國民黨中央政治
委員會秘書長等職，是蔣中正在大陸時期最倚重的幕僚，
信任之專，難有相比者。從政日記，開始於1935 年3 月1
日，終止於1948 年11 月11 日逝世前夕，前後十三年又八
個月。事實上，在此之前亦有日記，1935 年10 月12 日，
陳氏曾「整理舊篋，得民國十一年之舊日記三冊，重讀一
過，頗多可回味之處。」然這部份的日記至今並未得見，
僅能於其《回憶錄》了解一二。

二

　　關於《陳布雷從政日記》的流傳經過，陳氏八弟陳
叔同應《傳記文學》社長劉紹唐之邀，撰〈關於陳布雷

日記及其他〉（《傳記文學》第55卷第5期，1989年11月）一文說明。根據陳叔同的記述，陳布雷逝世後，家屬曾將其於1936年及1940年所撰寫之《回憶錄》，即出生至五十歲止之求學與工作經歷，以原始親筆墨蹟於1949年初出版。「不久時局危殆，政府各機關紛紛撤離大陸，正當上海行將淪陷之際，又匆匆將布雷先生自民國二十四年一月起至三十七年十一月十二日其逝世前夕止的親筆日記，全部以拍照縮製卅五米厘微膠卷，裝置小盒，由大陸帶出，分藏於美、臺各家人手中；而日記原稿數十冊，仍留置上海無法運走。」「日記原稿，為毛筆字書寫之十行紙簿本，整十三年之日記，多達數十冊，約五百七十萬字。經製作微膠卷，重僅三百公克，雖當時製作微膠卷技術，遠不如今日，但能安全攜出布雷先生日記於自由地區，實為一大幸事。」日記膠卷攜出後，陳氏家屬一直未作任何處理，至1961年間，臺北方面家屬考慮日記閱讀方便，並能妥善保存，認為似宜設法排印，乃先將每一膠片沖印為5乘7英吋照片，達可直接目視閱讀之程度，以利排版，復由陳布雷六弟陳訓悆於《香港時報》社長任內，在香港排印三十部，每部五冊。

　　陳布雷日記之排印本，起自1935年3月1日。先是陳氏於1934年5月受蔣中正延攬，任軍事委員會委員長南昌行營設計委員會主任。1935年2月，蔣氏修改侍從室組織，分設一、二兩處，以陳氏為侍從室第二處主任兼第五組組長。3月1日，軍事委員會委員長武昌行營成立，陳

氏參加成立典禮，並於是日起始為日記，謂：「自三月起始為日記，自是日日為之，未嘗中輟焉」。日記結束於1948 年11 月11 日，為逝世前二日，時任中國國民黨中央政治委員會秘書長。因日記所涉時間，為陳氏從事政務階段，家屬乃將其題名為「陳布雷先生從政日記」。復以「布雷先生從事黨政工作數十年，雖無顯赫官位，但大部時間，均為輔佐決策當局，暨任總裁文字之役，其內容多涉當時決策及中樞官員，我家人亦深知布雷先生日記之發表殊非所宜」（陳叔同文），因此於題名加「稿樣」兩字，為「陳布雷先生從政日記稿樣」，表示僅為樣書並非正式出版品，由居住在大陸以外地區之家屬各自保存，作為紀念。2016 年1 月，美國史丹福大學胡佛檔案館宣布由陳布雷侄兒陳迪捐贈的陳布雷日記將完整對外公開。陳迪為陳訓悆長子，因陳布雷日記原件目前藏在南京的中國第二歷史檔案館，該日記應為當年排印《陳布雷先生從政日記稿樣》之依據。

三

《陳布雷先生從政日記稿樣》完成後，並未對外界透露，僅由陳訓悆檢送一套呈報蔣中正鑒核。至1988 年2 月，南京中國第二歷史檔案館出版的《民國檔案》刊登〈陳布雷日記選－1936 年1 月－2 月〉，首度揭露陳布雷有日記存世。次（1989）年底，臺北《傳記文學》轉載

〈陳布雷日記選－1936年1月－2月〉，同時發表前述陳叔同撰寫之〈關於陳布雷日記及其他〉一文，外界始知除日記外，尚有日記排印本由家屬保管。

對於《民國檔案》及《傳記文學》刊登陳氏日記一事，陳叔同於該文中表示「時至今日，此一四十年前涉及政務黨務之私人日記，早因時移世遷，當事人十九亡故，再無密而不宣之必要」，但為避免日記出現刪節或斷章取義等問題，「亟願布雷先生日記持有人，能儘早主動予以公開發表，以減少其被竄改與造謠欺世之機會」。《傳記文學》社長劉紹唐亦於該文文末「編者按」中，表示：「本刊正試洽此一日記稿本交由本刊連載之可能性」，然似乎未有結果。2002年9月，陳氏長孫陳師孟出任總統府秘書長後，將《陳布雷先生從政日記稿樣》全套五冊捐贈國史館典藏，並同意提供研究者參閱。此後，陳布雷日記排印本正式對外公開，研究者得以參閱，撰寫相關主題。其中東海大學歷史研究所沈建億在呂芳上教授指導下，完成碩士論文《蔣介石的幕僚長：陳布雷與民國政治（1927-1948）》，為日記公開後，第一篇以陳布雷為主題進行研究之學術論文，內容嚴謹，頗受外界好評。

留置在上海之陳布雷日記原稿，據復旦大學歷史文獻學博士鞠北平在其學位論文《陳布雷文獻資料研究——從議政到從政》中敘述，文化大革命時被抄家抄走，後來輾轉流傳到了上海市檔案館。文化大革命結束後，上海市檔案館將日記歸還家屬，家屬復將日記原件捐獻南京中

國第二歷史檔案館。該館於1988年在《民國檔案》第一期上，選刊1936年1至2月日記的內容，之後未再繼續，原件迄今未對外公開。目前大陸方面有兩個日記版本曾經為研究者運用。一是由陳布雷二子陳過保存之《畏壘室日記》影印件，該件據《陳布雷大傳》作者王泰棟轉述陳過說明，乃因日記原稿委託中國歷史第二檔案館保管，該館依例複印三套給家屬，此為其中一套，共二十九本，自1935年2月至1948年11月11日，缺1941年上半年一本。王泰棟撰寫《陳布雷大傳》、《陳布雷日記解讀——找尋真實的陳布雷》及寧波大學戴光中撰〈從陳布雷日記看其晚年心態〉等，乃依照此版本。一是上海市檔案館之抄寫本，該館將日記原稿歸還陳布雷家屬時，曾經留下了複印本，爾後由複印本衍生出抄寫本。鞠北平撰寫博士論文時所參考陳氏日記，即是其導師、上海市檔案館研究館員馮紹霆提供的抄寫本。抄寫本的內容從1935年3月1日到1948年6月30日，缺少最後四個半月。

四

　　日記是研究歷史人物的重要素材，不僅可以研究傳主一生經歷與思想，同時也可以研究與其相關人物之生平與思想。陳布雷日記每日以敘事性方式記錄，自起床至就寢，整日的工作情況，時間、地點、人物相當明確，內容包括處理公務、會客、出訪、談話等，簡要翔實，1935

年、1936 年日記並有摘錄各方呈送報告內容，實際上就
是他的工作日誌。1935 年，陳氏曾隨蔣氏至四川、貴
州、雲南等地巡視，對於地方政情及風俗民情多有記錄，
可作為抗戰前中央對於西南地區理解之參考。

　　陳氏亦於日記中記錄其自我檢討或對人事之個人意
見，為理解其心態之重要參考。如1935 年7 月27 日，陳
氏以長篇文字反省其短處，列出八項缺點，以及四項「急
救之道」與應學習對象，曰：「今晨澈底自省余之短處，
不一而足，憤世太深而不能逃世，此一病也。自待甚高，
而自修不足，此二病也。既否定自身之能力，而求全好勝
名心未除此三病也。憤激之餘，流於冷漠，對人對己均提
不起熱情，甚至事務頹弛，酬應都廢，而託於淡泊以自解
此四病也。對舊友新交，親疏冷暖，往往過當，有時興酣
耳熱，則作交淺言深之箴規，無益於人，徒滋背憎此五病
也。對於後進祗知獎掖，不知訓練，又不知保持分際之重
要，對於部屬，祗知涉以情感，不知繩以紀律，此六病
也。對於公務，不知迅速處理，又不能適當支配，遲迴審
顧，遂多擱置，此七病也。手頭事務不能隨到輒了，而心
頭時常牽憶不已，徒擾神思，益減興趣，此八病也。受病
已深，袪之不易。但既不能逃世長往，則悠悠忽忽，如何
其可。急救之道宜從簡易入手。一、戒遲眠；二、戒多
言；三、勿求全；四、勿擱置太久。（五日一檢查）其在
積極方面：安詳豁達，宜學幾分大哥之長處；熱情周至，
宜學幾分四弟之長處；處事有條理宜學幾分黎叔之長處；

交友處世，不脫不黏，宜學幾分佛海之長處；循此行之，庶寡尤悔乎。」在1935年11月中國國民黨五全大會之後，陳氏深感體力心力交疲，兼以黨政機構改組以後，人事接洽，甚感紛紜，乃向蔣氏請准病假一月，杭州養病。在此期間，陳氏對於自身精神狀況多有檢討，如12月20日記道：「自念數年來所更歷之事，對余之志趣無一脗合、表面上雖強自支持，而實際無一事發於自己之志願。牽於情感，俯仰因人。既不能逃世長往，又不能自伸己意。至于體認事理，則不肯含胡，對於責任又過分重視。體弱志強心羸力絀。積種種矛盾痛苦之煎迫，自民十六年至今，煩紆抑鬱，無日而舒，瀕於狂者屢矣。每念人生唯狂易之疾為最不幸，故常於疾發之際，強自克制，俾心性得以調和。亦賴友朋相諒，遇繁憂錯亂之時，往往許以休息，然內心痛苦，則與日俱深。頗思就所經歷摹寫心理變遷之階段，詳其曲折，敘其因由，名曰『將狂』，作雜感式之紀述，或亦足供研究心理變態者之參考也。」

　　陳布雷交遊甚廣，在日記中留下了大量的交往記錄，大體而言，可以分為幾個部分：家人、早年就讀浙江高等學校的同學、任教寧波效實中學之同事、新聞圈友人、侍從室同僚、中央及地方黨政人士等，其中尤以最後兩部分在日記所佔分量最多，有時亦會記下對人的品評或個人感想，頗具參考價值。如1936年10月26日，聞湖北省政府主席楊永泰於前一日在漢口碼頭遇刺身亡，記道：「暢卿為人自負太高，言論行動易開罪於人，一般對之毀

譽不一，然其負責之勇，任事之勤，求之近日從政人員中
亦不可多得。竟死非命，至足惜也。」陳氏與楊永泰共事
頗久，此段評論，當為近身觀察所得，可為理解楊氏行事
之參考。再如1936 年12 月7 日，陳氏閱報知黃郛因肝癌
病逝，記道：「黃氏智慮周敏，富於肆應之才，然兩次當
外交之衝，均蒙惡名以去，病中鬱鬱，聞頗不能自解，竟
以隕身，亦時代之犧牲者。」此段記述對於理解黃郛，乃
至黃氏與蔣中正關係之變化，提供了若干訊息。

　　另一方面，陳氏作為蔣中正之重要幕僚，除代擬文
稿、參與會議外，日常與蔣氏接觸頻繁，亦常奉指示，就
重要決策徵詢黨政相關人士意見，這些過程往往記錄於日
記，提供理解蔣氏之側面資料。如1936 年5 月，陳氏隨侍
蔣氏自廬山返京，於九江搭艦至蕪湖，途中與蔣氏作三十
分鐘之談話，詳述其對於國事之觀察及自身心理煩悶之由
來，蔣氏勸其注意身體，以和而不同為立身之準則，記
道：「委員長謂：種種消極悲觀，多由身體衰弱而起，宜
節勞攝生，對人對事則仍須保持獨立之見解，以和而不同
為立身之準則可耳。」（5 月4 日）是年9 月，成都事件、
北海事件相繼發生，中、日兩國緊張情勢升高，蔣氏時在
廣州，各方催促其返回南京之電報不斷，陳氏於23 日記
道：「行政院各部會長昨聯電促委員長歸京，今日孔副院
長亦來電請歸京主持，均奉批『閱』字，但對余言：此間
事畢，則歸京耳。」復記：「晚餐畢，委員長來侍從室，
命予同往散步。旋同至官邸，侍談甚久。見委員長從容鎮

定，對國內政治等仍從容處理。略談外交形勢，亦不如京中諸人之憂急無措，但微窺其意，當亦以大計無可諮商為苦。」再如1948年4月，中國國民黨六屆臨時中全會堅持欲推蔣中正為行憲第一任總統候選人，與蔣氏原意不合，6日晚，蔣氏與陳談話一小時餘，談話內容如何，不得而知，但陳氏於次（7）日日記記錄對蔣談話之感想，曰：「追繹委座昨日之談話，知其對中樞散漫情形甚關懷念，然積習相沿，遺因已久，蓋在第四次代表大會時始矣。今日欲圖補救，確非重振綱紀不可。此決非另起爐灶之謂，實應痛下決心，由中樞諸人衷心懺悔，改革制度，改革作風，刷新人事，多用少壯幹部。而任用幹部，則以公誠與能力為第一標準，如此一新耳目，庶克有濟。今日領袖不能再客氣姑息，黨員不能再諉過塞責了事，非一新耳目，不足以使本黨存在，以號召國人。然環顧黨中能自反自訟者寥若晨星，新幹部亦未作適當之培養，念之殊為憂心悄悄也。」4月12日，蔣氏主持總理紀念週講話，內容關係黨紀黨德及對部分國大代表主張修憲之意見，次日《中央日報》僅有六行的篇幅報導。陳氏則於日記記錄蔣講話重點：「注重黨德，遵守黨紀，決不可以私害公，亦不可對外自損黨的信譽。現值非常時期，應知國恥重疊，國難嚴重，切不可議論紛紜，使大會曠日持久，遷延時日。要知拖延大會日期，使吾人不能專心努力於戡亂，正為共產黨所求之不得者。至於憲法未始不可修改，然此次以不修改為宜，即或顧及戡亂時期之臨時需要，亦應以其他方法求

變通之道。關於擴大國民大會職權及設置常設委員會，萬
不可行。至戡亂完畢時，自可召集第二次大會。」對於探
討蔣氏之心態，具有相當參考價值。

　　陳氏於1948年11月13日去世，1948年為其最後一
年日記，而該年亦是中華民國實施憲政的第一年。行憲伊
始，對於政府而言，各種問題，紛至沓來，陳氏周旋其
間，精神負擔沉重，對黨內諸多現象，憂心不已，於日記
中多有反映，深感「黨內情形複雜，黨紀鬆弛，人自為
謀，不相統屬」，（5月5日）藉由其日記所記，不僅可
以揣度陳氏在這一年之心境轉折，亦可知除軍事之外，
政府與蔣中正在政治上所面臨的困境，對於1949年大變
局，能有更深一層的理解。

　　《陳布雷先生從政日記稿樣》自史政機構對外公開
後，數十年來已廣為學者參閱，相關研究著作陸續出現。
然《陳布雷先生從政日記稿樣》原意並非提供研究之用，
閱讀上仍有不便。今民國歷史文化學社以該書為基礎，重
予校對排印，公開出版，以期為民國史研究者提供重要參
考資料。此不僅對國民政府、軍委會內部運作之研究、對
蔣中正研究，以及民國史相關研究，均具重要意義。對陳
布雷個人，其文字造詣深，忠勤任事，而生活淡泊，日記
記事更給予後人諸多啟示。

編輯凡例

一、本套日記為原東南印務出版社編印，但最終並未發行之《陳布雷先生從政日記稿樣》，自1935年3月1日起，至1948年11月11日止。

二、本套日記依原東南印務出版社編印之版本，重新以橫式排版，與原書排版方式不盡相同。

三、古字、罕用字、簡字、通同字，在不影響文意下，改以現行字標示；原手民誤植之處則直接修正，恕不一一標注。

四、部分內容為便利閱讀，特製成表格，並將中文數字改為阿拉伯數字。

目　錄

民國 29 年

1 月 1 日　星期一　晴　五十四度

　　七時起。盥洗畢,即與唐組長乃建兄同行至辦公室。途中大霧迷漫,二丈外不辨來人,知午刻霧散後天氣必晴佳也。七時卅分到第二處,與文白主任等握手,互道新禧。本擬約集同人向委員長致新年敬禮,嗣知七時二十五分已駕車赴國府矣。八時偕文白同往國民政府,參加遙謁總理陵墓典禮畢,八時卅分參加民國成立紀念及團拜典禮。林主席主席,朗誦新年祝勉之詞,文武肅立靜聽,氣象甚為莊穆。九時十五分禮畢,在大客廳茶敘。即與騮先、文白兩兄同往林主席官邸及季陶院長處賀年。十時參加侍從月會及元旦典禮,到職員約百人。文白與余相繼致詞,詞畢,團拜。繼至官邸陪孔、葉兩先生談語。十一時卅分回寓,惜寸、佩箴兩先生來談。旋許卓修來談。正午滄波來,約同午餐。積祚為余設筵。餐畢,似覺微醉。小睡至四時始起。知果夫、公展、馬星樵、劉季生、謝耿民、洪瑞釗、羅霞天、蔡孟監諸君均來訪。今日委員長渡江至黃山休憩,余亦未閱公事。夜聖章、孝贊兩君在寓設席約同人歡敘,飲酒三杯,與諸兒談話,十時卅分寢。

1 月 2 日　星期二　陰晴　五十四度

　　八時五十分起。為委員長擬發龍主任志舟一電。龍於昨晨就行營主任之職也。十時楚傖來訪,談中蘇商約

事。十一時道藩來訪，談政校高等科課程及國民大會代表
補充事，午餐後陳空如、吳仲奇兩君來訪，空如已就任戰
時新聞檢查局長，約仲奇入局任主任秘書，事前未接洽妥
當，致公展甚感為難，余向之說明並允為負責解釋。五時
閱情報十八件，芷町來接洽四組文件。夜約王宇高來談。
覺略有胃病。與雪艇通電話，十一時寢。

1月3日　星期三　陰　五十四度

　　八時五十分起。閱報及情報畢，與皋兒略談，即至
儲奇門偕岳、楚、雪、哲生、亮疇、庸之、敬之同渡江，
至黃山官邸，十一時到達，會談中蘇商約及英法態度與美
國借款等問題，並商對於朱德等有日通電之糾正辦法，即
在彼午餐，至三時辭出。委員長交下羅總統覆函，命保存
之。與庸之同車渡江返寓。處理私函十二件，閱情報十七
件。六時十五分晚餐畢，核辦四組文件十二件。黃麟書
（新任粵教廳長）、吳仲奇先後來談。審閱香港文史研究
會出版之委員長傳記，至十時卅分畢即就寢。

1月4日　星期四　陰晴　五十四度

　　八時起。閱報知粵漢南段我軍奏捷，敵近衛兵團損
傷甚大，自茲粵北軍事，當可好轉矣。十時果夫來談。
十一時章篤臣君來談，西南運輸問題，對滇越鐵路之防
衛，再四叮嚀。此君誠篤，實愛國之有心人也。傾聽半小
時，為之肅然起敬。午餐畢，唯果來談甚久。二時卅分小

睡至三時半醒。今日卡爾大使來渝，飛機久久未能降下，由杭立武君交涉，改在郊外軍用機場降落。傍晚閱六組情報十二件，晚餐後閱四組呈件十一件，覆中宣部函（禁售文史研究會所譯之傳記），致季陶賀電（代委座），並處理私函五件。十一時寢。

1月5日　星期五　陰晴　五十度

八時卅分起。處理私函五緘，核定電務人員訓練班稿三件。今日為季陶五十生日，委員長書壽字立軸及聯語（努力崇明德，隨時愛景光），蔣夫人亦書壽聯以贈。十一時到陶園往祝，知不在寓，劉紀文出而招待，略談即歸。鄭副處長延卓來訪，攜來審查報告（為邊區等問題）一件，閱讀而研究之。旁午枕公來談。午餐後，與唯果談戰局甚久。小憩廿分鐘。閱六組情報畢，出席青年團常務監察會議，決議團紀案十五件。與雪艇、驌先等略談後，即至文白寓，參加會餐，到侍從室校官以上同人十六人，八時卅分餐畢，出席區分部一、二小組聯合會，十時卅分散會。歸寓，閱文件畢，十一時卅分寢。

1月6日　星期六　陰晴

九時起。十時到辦公室，閱今日所到文件，核改致盧永衡總司令之電稿。十一時參加黨政幹部會談，委員長指示本年工作要點，應注重工作考核，與網羅人才兩點，務須達到人事之健全。午餐後再略談卅分鐘始散。約岳軍

至辦公室內坐談良久，歸寓，已三時餘矣。小睡至四時五十分醒，駱美奐君來談寧夏情形。六時閱四組文件，代批十餘件。六時廿分到蘅舍西南建設公司，赴羅霞天君招宴，到勤士、新之、文六、詠霓等浙同鄉多人，商談浙省水利建設事。九時到官邸謁委座報告各事，十時歸。約芷町來商辦文件，核定上月份報銷。十二時卅分寢。

1月7日　星期天　陰晴　五十四度

九時卅分起。閱情報八件，雜誌論文六篇。十二時卅分到官邸，參加星期會談，到十九人（騮先、公權未到）。交換關於日本議會開會阿部內閣命運及日美商約，與歐局預測等意見，二時完畢。送委員長起行，即歸寓。邵毓麟秘書、曹聖芬速記來報告工作。曹言，委座去年重要講演稿，約十七萬言。小睡至五時醒，乃建來。談約王、謝、袁三編纂員指示工作。閱六組件十二件。六時芷町攜手令二件（致張秘書及余者）及文件五件來談，八時去。公展來談甚久。旋實之來談。十一時卅分寢。

1月8日　星期一　晴　五十五度

八時十五分起。整理物件，約省吾、子猷談話，指示其工作要點：川十六區專員嚴光熙來訪，介紹彼與張岳軍秘書長晤談。十一時午餐，餐畢蕭向茲君來談，與約定通電報告消息之辦法。十二時到珊瑚壩機場，與唯果兄及第三組同人八、九人乘卅六號機赴桂林，十二時五分起

飛，二時卅七分到達桂林二塘，坐待一小時，袁廣陞君乘車來接。聞有警報，不久即解除。四時到達行轅，與諸友晤敘極驩。桂林天氣晴緩，勝於重慶。六時謁見委員長。七時應錢慕霖總司令約往沈宅晚餐，樵峯、至柔、旭初同席，九時卅分散，歸寓即寢。

1月9日　星期二　晴　五十六度

八時五十分起。閱情報八件，偕世和、唯果、國華等出外散步，沿灕江岸行約四十分鐘，眺望江中景色，陽光煦暖，甚覺曠怡。十時聞空襲警報，仍歸行轅，黃主席旭初來訪，旋聞敵機三批由陽朔飛來，乃入岩洞暫避。與蔣夫人談學習外國語之經驗，蓋夫人正在溫習法文也。十二時午餐後，與旭初談甚洽。一時警報解除，小憩四十分鐘。聞委座即將出行，攜電報三則呈閱，奉諭余及唯果留桂林，不必同行。四時送文白等行後，辦發電報四件，與芷町通電話。六時進城，應旭初約晚餐，到李夫人及重毅、均默等七人，九時餐畢回寓。今日為周至柔主任堅勸，勉飲白蘭地二小杯，竟不醉，自覺酒量有進步矣。歸後與唯果略談即寢。

1月10日　星期三　晴　五十六度

八時卅分起。與唯果談治學方法及中西文字發展趨向之同異，並與蔣夫人及魏神父談學習外國語文之經驗。今日自上午九時至下午四時，連續發空襲警報三次，敵機

飛至陽塘，曾投彈若干枚，在城郊發生空戰，無甚勝負。
五時蔣夫人約往茶點，談戰時青年訓練問題。六時梁均
默、鄧公玄二君來訪，談約一小時去，對於三民主義研究
有所討論。晚餐後接昆明行營來電，報告敵機五日炸毀小
龍潭（開遠之北）鐵橋，七日轟炸白寨鐵橋，橋墩及橋身
被毀三十餘公尺。又接孔電及楊杰兩電，十一時就寢。

1月11日　星期四　晴　五十六度

　　八時起。盥洗甫畢，文白等已自遷江歸矣。詢前方
戰況，談約一小時，往謁委員長，報告本日所得之參考消
息並請示。旋與岳軍秘書長通電話，囑轉告杜君，在渝稍
待，以我等即將回渝也。午餐後，與文白談外交。接賀主
任、顏專使等來電，擬明日呈閱。小睡至四時醒，與文
白、唯果往遊老君洞，地極平常，無可觀覽，折入城至中
山公園散步久之，薄暮始歸。七時約均默、重毅、旭初及
鄧本初、呂競秋同至官邸晚餐，八時畢。委員長對黃主席
等訓示甚詳。九時同至法政街呂宅晚餐，陳楚吾處長治桂
林饌相餉，惜已飯不能多食，然主人之意良厚，十時辭
歸。十一時就寢。

1月12日　星期五　陰　五十六度

　　五時卅分醒。六時起床，任潮先生及辭修自衡陽
來，已排闥而入矣。相見極驩。早餐畢，同謁委座，談前
方軍事之部署。八時赴飛機場，乘嘉定號航機飛渝，陳清

未隨行。八時卅七分開行，駕行雲霧之上，絢爛之日光，激照白雲，如一堆堆之棉絮，望之令人忘倦。十一時抵渝上空，霧重不能下，改停郊外機場。委員長及夫人先歸，我等下機小憩後，仍乘原機於十二時飛渝，祖望、學素來接，同歸寓。午後小憩，三時往訪岳軍，談一週來各事。五時到四組處理公事。七時往謁委員長。歸寓，唐組長來談。八時十五分晚餐畢，閱六組情報，十一時寢。

1月13日　星期六　陰　五十四度

八時二十五分起。盥洗畢，即往謁委員長，示余以要件三種，並口授要旨，囑準備撰擬揭穿汪罪惡之文字。旋下樓與岳軍談話，九時談畢，乃與岳軍偕至其寓，共同研究。十一時歸寓，交省吾等分繕來件，午餐畢小睡，竟沉酣而不易醒，二時卅分始起。川十六區專員嚴光熙來談，精神見解均平平。旋林風眠來訪。五時約雨農來談。閱四日來之情報。晚餐畢，處理四組文電十二件，約邵秘書來寓，譯日文件。九時卅分再謁委座。歸校閱文件畢，十一時卅分寢。

1月14日　星期日　陰　五十六度

九時卅五分起。複閱昨日之件，送呈委員長。擬往視岳軍，知赴黃山觀梅去矣。十時卅分，俞寰澄先生來談，力白劉侯武對彼輩語之誣，約談四十分鐘。步青以總裁教育哲學一文囑余校讀。十一時杜月笙來訪，談青邱、

冰如出走之經過及在港周旋各老輩之情形，其忠誠有足令
人感動者。委員長一時約往談，呈件已詳閱，仍以授余。
午後小睡至三時起，忽覺心煩腦滯，擬改尊重小學教師之
文告，遲遲未就。唯果來談甚久。傍晚閱四組文件畢，與
岳軍、雪艇通電話。得路透社息，知敵閣改組，米內登
台。八時卅分與雪艇同謁委座畢，偕之至余寓談一小時，
摘錄要點。十一時寢。

1月15日　星期一　陰　五十六度

八時卅分起。摘記告友邦書，告敵國民眾書及告同
胞書之口授要旨。以電話約岳軍，知出席行營會報，未及
晤談。十一時約李秘書來談，告以獲得汪方文件，囑於下
午往參事室，與子纓商酌，譯為英文。十二時卅分午餐
畢，小憩一小時，接委員長手示十一紙，對文字又略有新
意補充，稍稍整理而清繕之。五時岳軍、雪艇來商談，擬
分交博生、子纓撰初稿之而由余總其成。傍晚改定致全國
小學教師書稿，閱六組情報十四件，核六組、四組文件各
二件，夜謁委座，再口授三段歸。配籛來談。十一時寢。

1月16日　星期二　陰　五十六度

八時起。將昨晚口授之要點，綴錄成篇，校閱致小
學教師函稿，函約李、魏後日晤談，並與慶祥接洽訓練班
事。處理既畢，代青邱擬函稿一件，岳、雪兩兄均謂由余
代筆最妥，自笑做盡天下人之秘書矣。十一時十分往官邸

會談，到岳、雪及博生、子纓四人，即在彼午餐，商談日閣改組後之趨勢。二時卅分餐畢，同至岳軍家會談與杜君接洽各事，閱新之來函。三時卅分歸，雨農攜放大攝影件來訪，即以所得之譯件一一對比，而排定其次序，並將港函內容報告委座。六時晚餐畢，處理四組文件十二件，七時、九時兩次往官邸謁談，研究拓印文件。十時接汪兆銘銑電，竟以哀的美敦書之口氣，要請主和，洵屬可笑已極。十一時卅分寢。

1 月 17 日　星期三　陰　五十六度

八時起。覆高、陶二君各一函，明日託月笙帶去，九時卅分往謁委員長，奉諭汪之銑電，無恥已極，可以不理，昨言交電局退回，亦可不必也。交還代擬之高函稿，命致送俞君用費，更口授告敵國民眾書中補充意旨數點，歸寓後一一紀述，午餐後準備告全國民眾書，覺頭腦暈重欲吐嘔，且神思倦怠已甚，允默謂余睡眠實不足，乃服安維胖一片，登床小睡至七時醒。晚餐後按電話五、六次，皆接洽發表之件，一面復起草告全國民眾書。十一時唯果攜來譯件及文稿四種，至十二時五十分寫成四大段，尚未完畢，以夜深，乃中輟焉。

1 月 18 日　星期四　晴　五十六度

八時醒，覺頭暈，闔眼假寢至九時起。九時卅分往謁委員長，奉諭告友邦國民書內應再加入一段，又告本國

民眾文內亦應再加一段意思。指示周詳至此，殊使我等內
愧也。歸寓整理攜港發表之各件，並作致鐵城、鴻鈞兩
函。預擬中央社稿一則，致張子纓書，請其補充文字。
十二時十五分到張宅，與同茲、月笙面洽諸事，即在彼處
午餐。餐畢，與岳軍、雪艇談國防最高委員會諸事，直至
三時始歸寓。略睡即醒，閱八路軍刪日通電，劍拔弩張
矣。複閱張子纓所擬之告友邦書稿。晚餐後，核四組文電
十六件，與唯果、芷町談話，並滄波來談，以攝影片交
之。修改告日本民眾書，直至十二時卅分完畢。即寢。

1月19日　星期五　陰　五十六度

八時五十分起。今日為吟苡兄週年忌日，其家屬在
長安寺設奠，余以事繁，未能往，然念及去年情形，不禁
為之黯然矣。午前配置發表各件，並與博生等接洽文件。
午刻參加星期會談，委員長患傷風四、五日，今日初癒，
仍親臨會談，並述對米內組閣之觀察。二時卅分餐畢，約
唯果來寓談話，以告友邦書交譯。忽覺精神不振，小睡後
仍不能恢復。四時委員長交下告友邦書核改之稿，命再修
改酌潤字句，頗覺所增加不易翻譯，逐一審酌，用盡腦
力，仍覺不易完善，夜九時始畢事。又奉發下告日民書，
繼續參閱，至一時卅分寢。

1月20日　星期六　陰　五十三度

以昨晚睡未熟，今晨醒後頗感不支，至十時許始

起。接岳軍電話，知港電已回，發表件延遲二日云。閱中央社參考消息數份，十二時往官邸，約芷町同往參加幹部會談，到葉、朱、張、果、甘、王、段、賀、康、鄭諸人，委員長對共黨問題及川康黨務，有詳盡之指示，午餐畢，已二時卅分。果夫留談甚久，歸寓疲甚，倒頭而臥，四時起，似覺精神稍復。委員長約往談，將告友邦書之第三次核改稿交閱，並口授加入告日民書之要點。五時歸寓，芷町攜文件來談，處理畢，已七時矣。晚餐後又往見委員長，歸後補寫告日民書二段插入原稿內，至十二時勉強完畢，但神經興奮，不能寧睡，二時許始入睡。

1月21日　星期日　陰　五十度

八時五十分起。告日民書之第二回修正稿已繕正，再為校閱一次，接博生電話，商發表手續。今日黨政訓練班五期開學。十時往見委員長，將告日民書稿攜呈，又口授補充修改者數點。十一時往訪季陶於其寓，談日閣及議會開會時之觀察。十二時委員長在嘉陵新村外交賓館宴客，前往招待未與席而歸。頭腦脹眩，胃部震盪，似欲作嘔，小睡竟未合眼也。二時起，閱中蘇商約全文及立法院審查報告畢，又小睡四時始醒，然疲勞仍未復原，蓋未合眼也。往訪岳軍詢港方消息未得，乃見委座一次，報告大概。晚餐後，將告友邦書之文字再加整理畢，交唯果修改譯稿，集中心思擬重擬告民眾書，至十二時仍無成就，只擬定綱要而已。博生等兩次來電話，顯光兄來詢，最後始

得港電，知高、陶二人聯函大公報發表，自此逆謀揭破，
世人不致受欺矣。一時睡。

1月22日　星期一　陰雨　四十八度

八時卅分起。重擬告全國民眾書，蓋十七日所寫
者，已隔四天，且文意不甚連貫，故須重寫也，然連日雜
物紛繁，三種文件須同時進行，腦倦神疲不勝焦悶之至。
今日香港各報聞已披露汪敵密約之全文，首都各報亦將此
消息發表，高、陶二人有共同署名之函，並有致汪及其幹
部之電。午前與雪艇、博生等接洽事項，仍只改寫兩段。
十二時到官邸會餐，在門首遇文白略談。午刻孔、王亮
疇、岳、雪、楚均來會談，對告友邦書共同斟酌，決定由
雪、亮二人負責修改之。二時卅分歸，委座將告日民書修
改發下，增刪甚多極難整理。李秘書來談一小時而去。疲
極小睡至四時五十分始得動筆，續寫告民眾書，時間已迫
不及詳思，十時卅分完稿，十一時寢。

1月23日　星期二　陰雨　四十七度

九時卅分始起。昨晚睡眠殊酣暢，醒來覺精神稍
振，然委員長已來電話相約矣。即去官邸攜顏俊人智電呈
閱，並請將告民眾書本日核定。歸寓後與雪艇、博生通電
話，並告國華以告友邦書英文本須再呈核也。至此精神略
覺寬鬆，乃稍作休息後，將「告日本民眾書」之第三次修
改稿悉心整理。然詞句安排各有佈置，一經插入於承接轉

應之間，非生硬即重複，屬筆兩小時只能整理一半，先交
清繕餘暫置之。讀各報社論，覺大公報之明快銳利洵不
可及。一時午餐後小睡，屢為電話所擾。傍晚閱六組情
報十餘件，芷町來未及詳談。夜修改告全國軍民書，至
十一時完竣即送發表，續校告日民書，十二時半始畢，
一時就寢。

1 月 24 日　星期三　陰　四十八度

　　九時起。十時委員長約往談，謂告日本民眾書中宜
再加入一段，說明中日戰爭非日俄戰爭所能比擬，其他大
致妥適，命再攜回清繕校正之。今日事務稍閒，而精神忽
覺疲勞，蓋旬日來用腦不休，宜有一日半日之休息矣。午
餐後整理積件畢，小睡至四時起。五時往訪李幼椿、魏時
珍兩君，於三門洞二十八號，適李、魏未回，與左舜生坐
談良久以待之，六時卅分始匆匆與李、魏晤談而歸。夜委
員長約往談，歸後發致顏俊人電，並寫告日民眾書加入一
段。十二時洗澡後，就寢。

1 月 25 日　星期四　陰　五十度

　　十時起。閱報及情報多件，據第六組統計，各戰區
陷敵之縣市為五一三縣、一六市。接讀四弟一月六日永康
所發之長函。十一時卅分往訪王芃生兄，以文件交譯，談
廿分鐘歸。午餐後處理公私函件卅五件，並閱六組情報
十六件，續核四組文電十二件。五時約芷町來談，決定本

處尉官級各職員本月份起一律加給津貼廿元，並商決文電
呈表十件。七時晚餐，餐畢，邵毓麟君來談。望弟告余
謂，大舅父於旬日前作古，自此母系長輩，凋零殆盡矣。
滄波偕裴復恒君來詳談，直至十一時始去。十二時寢。

1月26日　星期五　陰　四十八度

　　九時卅分起。閱情報，知蕭山、紹興、諸暨均有敵
軍蹤跡，則我家鄉之驚慌可知，四弟一家不知走避何處，
昨、今兩日為此甚感焦慮也。十時卅分委員長約往談，報
告昨與復恒談話之經過，委員長將告日民書又重改數語再
交下，即為整理清繕，於下午一時送呈之，午刻約盧白來
談廣播事。今日為二伯母諱忌，在寓設奠。午後三時小
睡，四時醒。閱六組情報十七件。六時又奉委員長約往
談，對於告日本民眾書之排列順序，仍欲重新排比，為此
一文件已費二十餘小時之心力，今又欲大為更動，真非余
力所能勝矣。芃生來談，陳述意見甚多，旁觀批評自應爾
爾，何足為怪，芷町亦來談，其批評更多，偏宕之見，不
足介意。客去後勉抑雜慮為改定次序交繕，並校正另稿一
篇，十二時寢。

1月27日　星期六　陰　四十八度

　　九時起。盥洗畢，赴官邸謁委員長，報告昨晚與芃
生所談情形，並將改定次序之稿呈閱。委員長謂此文發表
前確應詳細斟酌，然亦不必太多顧慮也。十時出席侍從室

會報，與各組長談話約一小時。十一時開始會報，委員長命往談，遂不及終會歸寓，攜底稿往謁，承命再修改二處。晤子文未暇與談也，並與岳軍、季鸞兩君斟酌。果夫來談甚久，唯果亦來談。午餐後與岳軍通電話。小睡至三時卅分種，閱六組情報廿八件。接希聖來函。七時晚餐畢，改訓詞稿兩篇，九時再往謁委員長商酌文字，並呈顏駿人宥日來電，十時歸寓。接胡適之宥電。芷町攜文電十二件來，處理畢，已十一時卅分矣。十二時寢。

1 月 28 日　星期日　陰　五十度

八時卅分起。發胡適之、顏駿人各一電。九時偕岳軍同至大公報館，訪季鸞問疾，並研究告日民書之內容，季鸞以為原稿太正式鄭重，以不用為宜，並另擬一談話稿供參考，談一小時辭出。岳軍同至余寓談一小時而去。陳凌雲、許性初二君來談，性初自港來，談港聞種種，上午便如此匆匆過去矣。午餐畢，閱私函數件，小睡至二時醒，有極複雜之夢，醒後猶覺神思不寧，蓋近日腦筋脆弱甚矣。翁詠霓兄來談中福公司合資期限延長事及川滇經濟建設，約一小時餘而去。閱六組情報件，並核辦四組文電十二件，夜謁委員長，決定告日民書不發表，十時歸。十一時卅分寢。

1 月 29 日　星期一　陰　五十度

九時起。閱報及情報多件，覆四弟書寄龍泉，並附

去默及樂致彼各一函。近日錢江戰事正酣，不知四弟是否
回鄉，甚以為念也。今日紀念週，委員長本欲對汪事再作
一回講演，嗣知以事作罷，由稚暉先生報告。午餐畢，小
睡又作可愕之夢，醒來心緒甚惡。閱六組情報多件，甚覺
腦力疲滯，雙目畏光，決計休息不作事，延王宇高兄來診
脈，勸余服中藥。夜芷町來，報告日前會報決議案，並攜
來文電，為處理之。接顏、胡覆電及賀貴嚴電，均明晨送
呈。十時卅分就寢。

1月30日　星期二　晴　五十二度

八時卅分起。昨晚服藥兩片，睡眠較佳，醒時覺精
神略見恢復矣。今日侍從室補行全室研究大會，由張主任
主席，學素、毓麟兩兄講演，余請假未出席。審閱關於建
立考核組織之簽呈及辦法，斟酌修改後，約芷町來面談
之。午餐畢，又略睡一小時餘，神經較昨寧靜，且今日氣
候晴朗，骨痛亦癒，殊自喜也。批定竺副官報告一件，委
袁高仁為五組司書。閱六組情報二十二件，核定四組文電
十二件。政治部夏惟賢君來訪。夜芷町來談甚久。十一時
三分寢。

1月31日　星期三　陰　五十一度

十時卅分起。昨晚睡眠不佳，故晨起較遲。張淮南
兄來訪，以貴嚴最近來電示之。蕭青萍來訪，談地政學院
事，戴子荷君（前侍從副官）來訪，謂現任隴海線警局職

務，苦無工作表現，有請調職務之意。午後二時譚平君來訪，談黨的理論與組織事，前後約兩小時，余靜聽其詞，不欲置可否也。四時莊仲文來訪，銳意欲有以自效。今日見客約七小時，精神殊憊。閱六組情報十二件，晚餐後小坐即睡，復恒來訪，復起與談話。十時卅分寢。

2月1日　星期四　雨　五十度

八時卅分起。今日國民會以事不克參加。九時偕陳志和兄赴戴家巷四號，出席駐外電務人員訓練班開學典禮，到教官九人、學員廿二人，外部徐次長叔謨亦來觀禮。余報告籌備成立經過畢，叔謨、慶祥先後致詞，余亦略述訓勉之意。接見唐隊長、董隊附，參觀內務畢，歸寓午餐。午後小睡又作極離奇複雜之夢，醒來胸次作惡。此一週來屢患神經不寧，豈因前週用腦過度之故耶。如此不耐辛勞，則以後又何以任事。念之悵然。三時廿分復恒、滄波來談，六時同往訪岳軍。七時十分歸晚餐，閱四組文七件，十一時寢。

2月2日　星期五　陰晴　五十度

九時五十分起，精神較昨日稍佳。十時參加侍從室會報，討論新年同樂會辦法及尉官級職員生活津貼與考績加薪事。決議尉官級職員既有上次會報各加津貼二十元之決議，其各處組考績加薪應送回重新核定。十二時卅分散會。一時午餐畢，接杜、高自港來函，附來偽維新政府與敵商訂關於經濟產業等文件十一件，審閱一過，擬晚間攜呈。二時卅分小憩至三時卅分起，閱六組情報十四件。張子羽君來談綿仲、行嚴及葉譽虎諸事，並言有程經遠者，為外交人才，囑余留意之。六時核閱四組文件十一件，七時卅分晚餐。八時往謁委座，適在宴客，未及入見而歸。順道過高盧，訪程天放兄，談卅分鐘。歸寓後與岳軍通電

話，談高出國事。十時五十分就寢。

2月3日　星期六　陰　四十八度

九時卅分起。往官邸謁見委員長，報告港來函件內容及季鸞函陳意見。十時出即至新村訪張君勱君，談民族文化學院事。十一時卅分歸，閱情報多件，知桂省戰局又趨緊張。十二時出席黨務會談，到十四人，談憲政問題及中印交誼促進等事。二時卅分歸寓，接貴嚴冬電及顏駿人論蘇芬事電，均原電呈閱。四時馬少香（82A 副軍長，繼援）、馬德菴（青海建設廳長，名驥）、謝委員剛傑及趙處長珮來訪，談二十分鐘去。五時往大公報館訪張季鸞，談中蘇外交、敵汪關係、共黨問題、川滇各事甚久。七時始歸。核閱四組文電十件，夜閱私函十件，擬覆杜君電，十一時寢。

2月4日　星期天　晴　五十度

九時卅分，摘錄昨日與季鸞所談各點，函呈委員長。聞委員長近日指揮前方軍事極忙碌，故未往見也。核定本處上月份雜用達一千六百元，皆臨時購置者為多，飭竺副官力求節約。傍午忽覺精神疲甚，小憩又一小時起。午餐畢，仍昏昏思睡，真不自解何以頹唐至此。下午閱私人函札十一件，處理四組文電十二件。五時卅分到嘉陵賓館參加侍從室懇親會。允默及兩兒偕往，六時聚餐，到職員及眷屬共三百餘人，委員長親臨致訓詞，夫人頒獎（及

服務滿十年者六十餘人均有獎贈），餐畢，舉行游藝，由
山東劇院表演平劇三折，十時五十分散會。

2月5日　星期一　陰　四十七度

　　九時四十分起。以電話詢問大公報社，知季鸞改今
日飛港，以昨日氣候惡劣未成行也。閱報知五原、臨河一
帶戰事甚繁，而晉陝甘以共黨軍隊搗亂，欲調遣增援，諸
多牽阻。如此情形，那得不使敵人猖狂恣肆乎。憂憤無
已。午後審葉楚傖先生關於增設人事機關及改訂總考績辦
法之報告，閱六組情報二十八件、四組文電十一件，核改
訓詞一件。鄭延卓君來談辦公廳近況，夜許卓修來談新疆
情形。十一時寢。

2月6日　星期二　陰　四十八度

　　九時四十分起。委員長昨晚過南岸休息，以兩週來
勞瘁逾恒，且須擇一較靜適之環境以考慮各事也。鄧文儀
君來談四川情報甚詳，送來報告二件，分別為之呈轉，
十一時去。佩箴來訪，談金融界近事，以建尾姪之事面託
之。十二時卅分力子先生來談時局，憂念形於詞色，其見
解雖有所偏蔽，而熱情憂國，在中樞亦所罕觀矣。一時卅
分應張君勱約到其寓便餐，坐中僅立夫、天放二人，立夫
先行，余等午餐後略談始歸，小睡至四時，耳際鳴眩，聞
聲不清晰。核改川行政人員訓練師資講習班訓詞一件，閱
六組情報二十一件，處理四組文電十二件。夜唯果攜其婦

來訪，留共晚餐，餉以湯糰，蓋明日為陰歷大除夕矣。
唯果夫人曾留學歐美，而樸實沉著，可敬之至。十一時
卅分寢。

2月7日　星期三　陰　五十度

八時卅分起。今日為陰曆除夕，街衢行人增多，聞
川人風俗，對舊曆過年異常重視也。呂大年（字康伯）君
（蓬孫先生喆嗣）來訪，憶在浙民政廳衙齋中曾匆匆一
見，距今八年，幾不相識。知蓬公靈柩已厝益陽，尚待公
葬。大年談吐尚不俗，而沉著不及其從兄効先。張九如君
來訪，出示其所著總理遺教與抗戰建國八冊，凡二十餘萬
言，略閱目錄，仍歸還之。九如謂總裁資助印費，囑其由
宣傳部轉呈。午餐未就食，小睡至一時卅分起。閱情報多
件，擬起草告大中小學校長書，遲遲未就，蓋日來腦力
甚疲竭也。徐可亭君來談購機易貨緊急支付事。五時芷
町攜文電十一件來，為之核定處理。夜七弟來談，十一
時就寢。

2月8日　星期四　晴　五十二度

九時卅分起。今日陰曆元旦，親友中仍循舊例過從
訪問，作賀年之酬應。上午來者有實之表弟夫婦、唯果夫
婦及佩箴先生伉儷、朱登中夫婦與顧祖銘甥婿等。應生厚
莾亦自曾家岩辦公室來余處小座。詢其工作近況，知尚能
守分樂業，為之喜慰。午後小睡起，天氣忽由晴朗而復轉

陰晦。羅君志希來談辦學困難，有擺脫中大校務之意，極
力慰勸之。樂兒等出外遊覽，不久即回，為之講述歷史及
歌詞。樂兒甚喜音樂，惜無良師傳授之也。傍晚核辦四組
文件約二十件，來件愈積愈多，殊感處理之艱。蓋近日戰
況劇烈，為使統帥得以專心策劃軍事，應盡量減少呈件，
而各事多有非經親裁不可者，又不得不呈耳。夜接適之七
日電（為借款事）。十一時就寢。

2月9日　星期五　陰　五十二度

八時起。以適之來電寄南岸呈閱。讀報及五日來之
參考消息。十一時應楚傖先生之約赴中央秘書處商談上海
工部局華董、華委改選問題。到公展、叔謨諸君，決定在
滬託寄頤在港託杜、錢、王、吳、俞諸君相機協助競選。
然日偽勢力日盛，深恐正不敵邪也。十二時卅分歸寓，午
後小睡至二時卅分起。徐君錫鬯來談，託為在海軍學校
謀事。閱六組情報十八件，處理四組文電九件，夜起草
告大中小學校長書，為指導學生思想品性事，十二時完
成後就寢。

2月10日　星期六　晴　五十二度

八時五十分起。閱中國青年季刊。十時偕允默挈兩
兒往兩路口參加春禮勞軍典禮，兩路口獻金台之主持者為
力子夫人，余獻國幣貳百元、諸兒四十元、默十元。見送
禮者寥寥可數，竊嘆本黨發動民眾工作之未能普遍也。今

日天氣晴朗，精神較暢。午後小睡五十分鐘起，處理私人
函札六、七件，為季陶簽請補助用費，殊覺有感於心。張
子羽君偕羅克典、程經遠兩君來談約一小時。閱六組情報
十一件，今日為最簡單矣。九時往謁委員長詢起居（今日
下午自南岸歸來），並談敵偽近狀、戰局、川事、外交及
西北問題，與蔣夫人略談即歸。已十時卅分，即就寢。

2 月 11 日　星期日　陰、夜雨　五十四度

　　八時十分起。今日委員長約集軍委會所屬校官以上
人員在黨政訓練班集合，余以事未往，芷町等往參與，歸
述訓話大意，以提高工作效率，振作精神志氣為主旨，至
一時卅分始完畢云。余在寓整理積件，為蔣夫人修訂文學
獎金簡則，並重檢去年代委員長所撰「中華民族的再生」
之序言一篇，呈閱焉。午後小睡起，審閱高宗武送來維新
偽府與敵軍部簽訂關於華中經濟、交通、礦產、電信、航
空等章程要綱共十五件，閱六組情報二十一件，核定四組
文電三件。傍晚同茲來談港滇旅中所見。夜芷町來談宣傳
事。十一時十五分就寢。

2 月 12 日　星期一　陰　五十四度

　　八時五十五分起。未及出席中央紀念週。聞總裁今
日出席訓話，有極詳盡懇切之報告。十時卅分往訪雪艇於
宣傳部，以昨日審閱之敵偽文件親送雪艇，囑其研究發表
方式，並談中央日報事。歸寓處理私函十餘緘，午後小睡

至四時始醒。閱六組情報十五件。何孟祁君來談故鄉情
形。閱康兆民所編晉省事變真象一冊，即為轉呈請示。傍
晚核辦四組來去文十四件，發致季陶成都電。覆騮先函，
為滇緬鐵路改軌事。七時晚餐，鎧兒自學校歸，述商船中
途遇載送兵器船被開槍擊傷船員，此種行動，殊可惡也。
夜王崑崙君來談中蘇文化協會事。蕭百誠攜所紀念週之講
詞來談，為校閱一過，即呈委員長核閱，實之來寓，未及
接談。十一時與文白通電話後即就寢。

2月13日　星期二　晴　五十六度

八十卅分起。十時委員長約往談，詢予曾閱今日之
敵人廣播乎，並謂現在有二點應注意：（一）汪逆之偽中
央或將提早出現；（二）敵人之軍事進攻實已無力進展。
故振作內部，提高行政、經濟、建設，實與加強軍事同等
重要也。十一時退至辦公室，辦代電三件。今日本約張國
燾君來談，未見其至。午餐後小睡至三時卅分起，錢宗澤
君來談，為郁曼陀君遺族請助教育費。閱六組情報件十八
件，殊覺其存查之件太多，條示改正之。七時晚餐，處
理四組文電十件，摘呈錢端升、羅集誼來函各一件，閱
Sidney Webb 所著之蘇聯新文化提要八章，十一時就寢。

2月14日　星期三　晴　五十四度

八時廿五分起。閱Webb 所著蘇聯新文化第九章。十
時張國燾君來訪，談外交、軍事及黨派問題，均有精到之

見解。十一時卅分唯國兄來談數日內接見賓客談話之要點及卡爾所述之英國態度，午餐後續談半小時始去。小睡至二時五十分醒，閱六組情報十八件，批表十二件，胡夢華君來談河北省府之工作計畫。胡君為安徽績溪人，新受任為冀省府委員代秘書長，蓋龐主席更陳所特約者，其愛黨之忠誠與觀察之深銳，在同志中不可多見。六時晚餐畢，處理四組文件十一件，芷町送來新生活運動六周年紀念講演詞初稿，以其太冗長繁複，為之重擬。至十二時卅分始完成。一時卅分就寢。

2月15日　星期四　晴　五十三度

九時卅五分起。以昨晚未服安眠藥，睡眠至不寧貼。今晨六時餘即醒，頭暈神疲，不欲即起，又不能再睡，蓋余近月間每晨醒來，必覺骨節疼痛異常，非偃臥一小時不能癒也。起後閱報，將新生活講詞校繕呈閱，又摘呈情報件，已午餐時矣。午後再睡，至四時醒。睡中多夢，屢屢驚醒，神疲異常。閱六組情報件，晚餐後核定四組文件，今日到文特多，處理約二小時始畢。往謁委座，談外交護照、各機關考績總核及浙省黨部等事。歸寓覆岳軍函，並致顧大使電，為李濟歐介紹。十一時服藥就寢。

2月16日　星期五　晴　五十五度

八時起。昨睡稍佳，今日晨起精神與昨日不相同矣。接杜函及陶件。九時往大公報館訪胡政之，談港地情

形及海外工作與抗戰局勢等。十時回至辦公室，辦發代電
一件，為考績表彙齊呈核事。奉委員長交下關於中共不法
事實紀略及山西犧盟會叛變內容二冊，遵命審查，未及竣
事。十二時往官邸參加會報，到十九人，與惺老、力子、
楚傖、驪先、岳軍、雪艇等接洽各事。二時卅分回寓，小
睡一小時起，委員長約往談，約卅分鐘而回。閱六組情報
十二件，佩箴來訪，知建尾已奉調浙行服務，即電昆明告
之。核辦四組文件三件，修改新運六周紀念廣播詞，加入
三段，刪除二段，至九時卅分完。再往官邸謁談一小時
歸。奉諭覆英使卡爾函，謝贈送藍皮書，又面諭訪求理論
人才，籌辦月刊，擬下週為計劃之。再閱文件數則，寄文
白一函，十一時卅分就寢。

2月17日　星期六　晴　五十九度

八時十五分起。博生、同茲兩兄來訪，談陶君有關
於經濟資源之材料，擬予披露，囑以將原件先寄閱。彼等
去後，審閱昨日交閱之件，故侍從室卅七次會報未出席。
旋奉發下講稿，再加修正。發卡爾覆函，至十二時十分到
官邸參加幹部會談。總裁面諭應注重工作競賽及獎勵發明
創造，二時卅分會談畢，與果夫、文白商本室考績事。歸
寓午睡，至四時起，市中紛傳南寧克復，電話探詢數處均
未證實，辟塵來訪，帶來次行一函（十一月十九發）。閱
六組情報卅七件，中調局所編共黨分析一冊，傍晚力子伉
儷來訪。細兒及九妹均來寓。夜與岳軍聯名覆杜電。閱四

組文十一件，校改文件畢事，發滄波函，十一時廿分寢。

2月18日　星期日　晴　六十一度

九時卅分起（昨晚服藥一丸，乃清晨七時即醒，而疲甚不能即起，矇矓再睡，僅四十分鐘而已）。整理積件，重新核定考績案，計增加津貼者為仲佳、子猷、祖望、省吾、邱濬等五人。並為自誠請給予秘書名義，以其服務已滿四年也。青年團來募傷兵之友，以泉兒名義簽普通社員一名，並為中央黨部徵求十六人。今日精神煩悶，忽忽不樂，且手足發冷，不知是何原因。實之弟來亦未及與談。午餐竟不思食，就床偃臥，至四時許起，然睡亦不酣，反覺頭痛。閱六組批表十二件，處理四組件十件。夜試驗細兒英文成績，讀音正確可喜。閱 Webb 所著新文化提要八十頁，全書讀畢，亦一快事。其頌揚蘇聯處不無過於偏袒，唯老人與小孩喜愛極端，不用理智，此老年近九十，無怪其然也。校閱陶件甚費時力，十二時卅分就寢。今晚傍晚委員長以電話相召，以病辭未往，蓋適頭暈，心煩，不得不及時抑制，以免過勞，然心中殊覺耿耿耳。

2月19日　星期一　晴　六十二度

九時起。昨晚未服藥，睡眠甚不佳，今晨起來，仍覺精神散漫不振，且左耳鳴響益甚（已將一週，似有炎腫之象，雖不疼痛，而聽道極窄，掩右耳後聽音即甚微）。

心思煩亂不寧，閱報以外不能再作其他工作。上午將印刷稿件寄達何總長後，下午奉諭改辦，再函達之。閱呈陶件（摘附來信），又以繕清本分送岳軍及第六組。午後閱六組情報十八件，晚餐後芷町來，處理四組件八件，奉手諭二則，為設立設計總局及彙辦去年度工作報告事。十時洗澡後就寢。

2月20日　星期二　陰、微雨　六十二度

九時起。昨晚服藥兩丸，睡眠充足，精神完全恢復。整理港、滬報紙之參考件及中共參考件，分別交省吾、子猷錄存之。十一時偕望弟至長安寺，祭奠先嗣妣應孺人（陰曆二月初二為八十冥壽，以近日九妹、細兒均在家，故提早舉行紀念禮佛追薦），德哥、實弟、二表姊等均到，七弟、永甥、辟塵亦參與。十二時回寓午餐。與實之談中央黨部事甚久。午後小睡約兩小時起，重改致全國大中小學校長電（又勸川民出任自治公職電，亦奉發下），即交四組繕發。四時卅分再至長安寺行禮，五時偕德哥等同歸。甘省府參議金在冶來訪。閱六組情報批表三十餘件，四組文電十件，芷町在寓晚餐，餐畢商談第四組業務改進事。奉委員長手諭（為分配專員考查各地方各業務事）。與細兒談話一小時，至十一時卅分寢。

2月21日　星期三　陰　五十五度

八時卅分起。知委員長今日將從南岸歸渝，又接文

白電話，謂下午將出行。九時約唯果來寓，商談關於三民主義刊物發行之辦法，擬約林桂圃君來談，囑唯果轉約之。十時往謁委員長，報告外交，退至辦公室，以電話約王外長。半小時後王外長來余處，以政院決定之天津存銀問題對案見示。十一時卅分借至官邸，謁見請示，楚公亦過來請見，與談國民大會事。十二時卅分歸寓午餐，九妹及細兒於午前回校矣。力子先生來談甚久。二時卅分到機場送文白行，回寓小憩，至四時，閱六組情報十四件、四組文件九件，夜休息，未作事。十一時寢。

2月22日　星期四　陰　五十四度

八時卅分起。一戰區駐渝辦事處長方炳彰名書彪，偕司可莊（熙之）副參謀長來見，談潞鹽案，並出示衛俊如介紹信，請准司入中央訓練團受訓，告以衛長官可正式來電呈請，略談即別。午齊鐵生兄來訪（未接晤），接希聖函二緘及附來抄件六種。又接月笙來函，催辦宗武護照，即將來信寄岳軍。午餐後小睡醒，骨痛甚劇。近來此病加增，不知何故也。趙巨旭代表鄧晉康來談卅分鐘去。與公肅兩次通電話談護照事。傍晚接文伯自柳州來電話，囑在渝發電，並談今日達賴第十四輩拉木登珠坐床禮慶祝事。晚餐後約公展、博生來約談一小時而去。閱希聖送來淪陷區狀況報告五種。致季鸞、顧生各一函。十一時卅分寢。

2月23日　星期五　晴　五十八度

九時卅分起。今日為全室研究大會之期，以唐組長未及準備，遂未通知開會，此亦本室處事不能周到之缺點也。整理箱篋，檢閱舊時存件，自覺二、三年前之治事精神較現時為積極，可見體力精神之日就衰退矣。午餐後小睡約四十分鐘，頗有怔仲不安之象。起床後繼續整理書架，並將委座日記妥為庋藏。閱六組情報十九件，處理四組文件十件，閱青年團廿九年度工作方案，與岳軍商中央設計局之組織，十一時卅分寢。

2月24日　星期六　晴　六十度

九時起（昨晚服 BROMURAL 一顆半，但睡眠仍不佳，一時入睡，七時許即醒，而不能再睡矣）。閱日報兩種及參考消息後，即覺頭腦暈重，精神疲煩異常，十時再睡至十一時卅分起。結束傷兵之友捐欸，囑子猷送往。十二時以楚傖先生之約，赴中央秘書處會談，既至，則所約諸人均未到，余忽覺週身發冷，不能支坐，遂先歸午餐。旋得楚傖電話言所約者多不能到，囑余亦不必前往矣。午後仍覺頭痛發冷，神思鬱悶異常，此種情形或與去年四月間相似也。無聊之至，閱雜誌消遣，愈看愈覺心煩。十一時就寢。

2月25日　星期日　晴　六十四度

九時起。昨晚睡眠較佳，然晨起精神仍未全復也。

十時卅分聞有敵機入川，旋知為偵察機壹架，附驅逐機三架，在梁山上空飛繞後即東飛折回，想其目標在找空軍停駐地也。為陸步青君閱定總裁之教育哲學論文一篇。即寄還之。又覆中央秘書處函，陳述關於國民大會代表選舉之意見。午後天氣轉溫暖，略睡即起，處理私函四、五緘。誦盤來，為余注射，針頭太深入，致臂部牽掣作痛。夜閱六組情報十八件，核定訓詞兩篇，處理文件六件，覆憐兒函。

2月26日　星期一　晴　六十六度

九時卅分起。昨晚睡眠安恬，今晨七時醒後竟能再睡，以補不足，殊自欣慰。然臂部之痛，牽延及於腿部，步履維艱，以至不能外出，亦一煩悶之事也。閱日報及參考消息畢，處理私函五件，已近午餐時刻矣。午後小睡起，閱學素所摘中央各部會處二十八年度工作實施檢查一覽表，頗覺簡明扼要，仍交暫存，以備總裁調閱。傍晚閱六組情報十九件，處理四組文電十件。檢閱二十一年至二十五年大事記，其中有不少文稿須設法抄補，先為摘目以備徵集。夜發憐、細、泉各函，覆滄波、希聖函及杜電，服藥二丸，十一時五十分就寢。

2月27日　星期二　陰、微雨　六十三度

八時十五分起。昨晚睡眠尚佳，晨起骨痛亦稍減矣。九時到辦公室小坐後即赴全室研究大會（依規定應上

週星期二開會，以事改至今日舉行）。首由唐組長報告第五次小組組長聯席會議之經過；繼由馬參謀滌新講演我形勢及實力在二期抗戰中之檢討，就四次會戰、四次戰鬥、三次攻勢之經過，說明敵國實力之消息與戰略上之企圖，分析詳盡，報告忠實，結論亦極正確，聽者獲益匪淺。繼討論議題，決定以屬行小組會議獎懲及公布小組會議成績兩項，送區黨部執委會討論。最後余起立講演，對本室同人勉以發揮高度的服務熱情，排除以公職為衣食奔走之「商人」觀念，歷五十分鐘始畢。十一時三分歸寓，與岳軍接洽高君護照事。午餐後小睡，至三時醒。四時往電務人員訓練班巡視其內務，並召集學員二十二人，舉行臨時訓話，題為本班學員之特殊使命及注意要項，對機密之意義發揮特詳。六時五十分回寓，閱六組情報十九件，四組件九件。發致季寬、健中電，夜覺耳痛，十一時寢。

2 月 28 日　星期三　雨　五十六度

八時五十分起。今日天氣轉寒，加絨繩裹衣一襲，猶覺不足禦冷也。閱一週來之參考消息及各方呈件，摘錄一總表。十一時卅分委員長自桂乘機返渝，即往官邸謁見，將一週內大事及處理文件一一報告，十二時四十分退，歸寓午餐。以電話與文白接談，問其途中勞苦。午睡約一小時，至三時許始醒。與果夫、岳軍通電話，知高之護照已辦就。果夫告我：中政校公務員高等科學生實到者二百十五人。四時後擬為委員長撰開學訓詞要旨，但精神

殊疲，久久無所就。閱六組情報廿九件、四組文件八件。
夜精神仍不振，十時卅分寢。

2月29日　星期四　陰　五十三度

　　八時五十分起。草擬中政校高等開學訓詞要旨，未
完稿。接南岸電話約往談，並午餐。十一時十五分乃偕毛
醫同渡江，十一時五十分到達。知委員長連日因受涼傷風
失眠，毛醫為之診治。旋同午餐，經國兄同席。餐畢，委
員長與余談二十分鐘，以手諭十一件交余攜回辦理。退至
國華室中，續擬訓詞要旨，交子猷繕呈。三時偕沈開越與
子猷同渡江歸。自誠來談二十二日柳州郊外空襲之情形。
傍晚閱六組情報二十二件。六時晚餐，餐畢接閱四組件
十一件，與芷町談話久之。九時審閱編纂股所編之實錄稿
三冊，十一時就寢。

3月1日　星期五　陰　五十二度

八時五十分起。與曹速記聖芬同赴小溫泉，參加中央政治學校公務員訓練部高等科開學典禮。九時二十分由寓動身，渡江後，約行四十分鐘到達小溫泉。溪流澄碧，風景絕佳。渡溪即達校本部。果夫、道藩等迎於門首，十時卅分典禮開始，到來賓二十餘人，學員訓練部二一五人，其他各班七〇〇人。首由校長考試院長訓話，繼周部長演講，十二時禮成，退至校長辦公室休憩。委員長即在此室接見河北省黨員十人。一時午餐，與諸舊友敘談甚懽。二時卅分辭歸，與季陶驪先同行。三時歸寓，略睡至五時起。閱六組情報四十七件，四組文電廿件。唯果來談，七時半與岳、雪到官邸會餐，十時歸接陶函。閱工作競賽成績，十一時寢。

3月2日　星期六　陰　四十九度

八時卅分起。批閱電務人員訓練班報告三件，校閱教育訓詞五篇，處理公私函牘七件。汪秘書來談行政院情形，約卅分鐘。於組長平遠來談戰局及前線將士之觀察，於抗戰形勢分析甚詳。此君深沉老到，蓋富有經驗者也。十一時卅分芷町來，甚以本室會議太多，致精神散漫為慮。十二時到官邸，參加黨務會議，出席者十九人。總裁對社會部工作及競賽倡導方法指示甚詳。二時十五分散會，歸寓小憩。睡眠太久，醒後反覺神思散亂，積疊之件太多，殊苦心力不濟。晚餐時渠成甥夫婦來辭行，將赴南

充採金局任事。夜閱六組情報廿九件，對遠兒訓話，唐組長來談。十一時卅分寢。

3月3日　星期日　陰　四十九度

八時廿五分起。覆溯中函，為文白修改貞明詞題識，即函寄還之。十一時奉委員長命偕稚暉先生過江，到官邸午餐。稚公論世界大勢及抗戰前途頗多洞澈之見，又言教化風動之效，不如政刑約束之普遍，其言婉而多諷。二時餐畢，三時過江歸寓。芩西兄來訪，蓋兩月不見矣。三時四十分張凱音君來訪，談組織訓練問題及抗戰前途與戰時外交甚久。五時偕往官邸，見委員長，約談一小時，同至寓所晚餐後始別去。郭參謀長寄嶠來談。夜閱六組情報二十四件、四組文電及呈表十六件。芷町來談月刊事，擬修改某文，時遲，未著手。十一時就寢。

3月4日　星期一　陰雨　四十九度

八時十五分起。九時赴軍事委員會禮堂，參加聯合紀念週。今日首都有兩會議：（一）各師團參謀長會議；（二）考試院召集之人事行政會議。此兩會議即在紀念週禮堂舉行開會式。林主席訓話畢，總裁有極詳之訓話。大致勉在座各人以實行考核、設計，訓練部屬選拔人才，尊重考銓與審計職權，使五權憲法實現，而政治日有進步云云。十一時禮畢，歸寓。今日精神又覺疲勞，不如昨日之愉適，然頭痛則未發也。午睡一小時起，閱六組情報六

件、四組文電九件。七時到官邸，與岳軍、雪艇同往陪同克利普爵士晚餐。餐畢略談一小時。十時歸，十一時寢。

3月5日　星期二　晴　五十四度

八時十五分起。閱定軍校第二分校畢業訓詞，由快郵寄武岡。讀雜誌數種，忽覺體倦畏寒，十一時再睡，休息至十二時起午餐。餐畢，仍午睡片刻。研究建設顧問團之建議，並抄寄岳軍、雪艇各一份。處理私函十餘緘，規劃刊物發行，仍覺人選為難也。傍晚閱六組情報件二十七件，聞蔡子民先生病逝香港，為委座去電吊唁。夜核定四組文件九件，委座約往談話，約一小時餘始歸。分函果失、驪先，徵詢豫省府秘書長人選。十一時就寢。

3月6日　星期三　晴　五十六度

八時五十分起。閱呈李濟歐來電一件，核定第二處上月報銷，並處理私函數緘。十一時盧作孚、晏陽初兩君來訪，談中國鄉村建設學院事。驪先來談蔡先生公葬及哀揚，並中央研究院後繼人選事。一時午餐，餐畢略睡。始而矇矓，繼則沉酣至三時許始起。閱六組情報三十件。近日情報件較前加增矣。力子先生來談甚久，五時許始去。六時晚餐畢，芷町來洽商呈件，代批五件，餘均呈核。八時後辦發代電及函稿共八件。接憐兒函。十一時卅分寢。

3月7日　星期四　晴　五十六度

九時起。蕭秘書送來已補正之去年訓詞一篇，閱定後交祖望寄力行月刊。又改辦致青年團代電一件，閱柳州會議訓詞兩篇。下午蕭秘書又送來一篇委員長對前方軍官訓詞，誠可謂諄諄教誨無微不至矣。十時卅分再睡至十二時卅分起午餐。今日頭暈發冷，精神不佳，屢起屢睡，終不能入眠，午後仍決心休息。六組、四組公事均請兩組長代閱，晚飯亦未食，困憊徬徨不安之至。夜洗澡服安眠藥兩丸，即就寢。

3月8日　星期五　晴　五十八度

七時卅分醒，仍小睡至八時四十分起。今日睡眠充足，精神較昨日為爽健，前後竟判若兩人矣。午前閱報及雜誌，讀陶希聖「新政權為甚麼又延期」之論文。其筆鋒犀利，條理清晰，且能打擊對方要害，洵宣傳能手也。發枕公一函，為白雲梯款事。午刻參事會議未參加。午餐後僅睡卅分鐘，起而閱讀舊文，預擬腹稿。發皓兒函一緘。寄果夫、道藩函，附去對新聞界講詞舊稿兩件。閱六組情報件卅二件。六時芷町、自誠先後來談。閱四組呈件十八件。夜撰擬精神總動員週年紀念講詞，十一時五十分畢，即寢。

3月9日　星期六　陰　六日二度

八時卅分起。取昨晚所擬之精神總動員週年紀念講

稿閱之，覺尚有數處不妥，以初稿已就，略加更改即以呈
核。近來文字更見粗率，念之甚不怡也。午餐後略睡一小
時起，閱第六組情報卅一件。汪逆偽組織成立消息竟異常
矛盾，不易推斷，然大勢已成，影佐等必以全力使其出
現，則無可疑。午後研究國民教育會議之提案，俾萬一委
員長致書面訓詞時得有準備。今日精神仍有散漫之象，意
思不能集中。七時奉召往官邸謁見，談卅分鐘歸。處理四
組文件至九時卅分始畢。閱時代精神月刊一冊，作私函二
緘。十一時卅分就寢。

3月10日　星期日　陰、下午小雨　六十度

　　八時五十分起。上午休息未作事，延王宇高兄診
脈，與談編纂事略之要點。與兩小兒談故事。十一時卅分
胡政之、王芸生兩君來談，胡君贈余自來水筆一支，以作
紀念。十二時卅分偕胡、王兩君同至官邸謁委員長，即在
官邸午餐。胡君陳述此行所見，謂一般情形不如去年緊
張積極，宜有以振作之。二時歸寓略睡起，閱六組情報
二十八件，處理私函十件。傍晚芷町來，處理四組文件
十二件。實之攜來人事行政會議之決議案及提案全文（會
議今日閉幕）。八時臧啟芳先生（哲先）來訪，談東北大
學事。閱人事會議全部提案，約兩小時閱畢。望弟外出，
終日未歸，親書勸戒之。讀志林雜誌，十一時卅分寢。

3 月 11 日　星期一　晴　六十二度

八時卅分起。搜羅現行雜誌七種，計劃三民主義月刊發行及編纂事。擬約唯果談商，以彼甚忙碌，未及與之晤談也。接希聖來函及杜函電，知高已于九日晨動身赴南洋。又接黃溯初送來諭金融幣制之計劃兩件。下午小睡一小時，駱清華君來談抵制敵人經濟掠奪之計劃，頗以貿易委員會工作不順、輿論不明、商事習慣為憾，所言極有見地。閱六組情報三十二件。七時到四組處理發文六件，代批十二件。夜於、陳、唐三組長合宴林主任蔚文，應約前往作陪。暢談至十時後始回寓。讀校兆梅蜀行日記。十一時卅分寢。

3 月 12 日　星期二　晴　六十四度

八時起。往官邸謁委員長，報告參政會等事。九時參加總理逝世週年紀念，林主席領導行禮並報告，十時禮成。與岳軍同見委座於休息室，旋復與岳軍在客室談卅分鐘。十時卅分往陶園訪季陶，談民生主義人事改革及教科書改進等問題，至十二時辭出。往謁委員長，歸改訂構稿交繕。小睡一小時起，閱六組情報件二十五件。七時往軍委會參加國民精神總動員週年紀念，觀火炬游行，氣象異常壯偉。九時歸寓，閱四組文電十件，十一時洗澡就寢。

3 月 13 日　星期三　晴　六十五度

九時起。雖早醒而仍不能即起，此習誠非痛改不

可。趙述庭兄來訪，談立法院工作及國民大會制憲之意見，約一小時餘，旋蔣經國兄來談贛省政況及中正大學事。謂作事舖張門面，基礎不確實，則終必無成，頗有感於其言。十一時唯果來談，午餐後又續談卅分鐘而去。接四弟來電，知二十八日已抵校矣。午後小睡至四時始醒。閱第六組情報卅二件，晚餐後芷町來，閱四組文電八件，校閱參謀會訓詞兩篇（自誠紀錄技術較前頗有進步），改撰教育會議訓詞一篇。十二時卅分就寢。

3月14日　星期四　陰　六十六度

八時五十分起。今日因睡眠不佳，又覺頭暈發冷，精神不支。上午委員長見召竟未能往，及欲再去，則知已出席交通運輸會議（昨日開幕）去矣。午前發出教育會議訓詞，閱報及參考消息，未作他事。午後處理私函八件，龔正（德宣）君來訪，訓練班第六期學員，滇民廳之視察也。中央社攝影記者羅寄梅同志來取日汪協定之底片十六張去翻印，以外籍記者均紛紛索取，故博生擬複印以備分贈。劉炳藜君於四時來訪，談編輯總裁語錄等事，詳細指示之。小睡約一小時起，閱六組情報十八件、四組文電二件，夜讀雜誌中國青年，十一時寢。

3月15日　星期五　雨　六十六度

八時十分起。往見委員長，報告教育會議，中央研究院評議會及承辦技術研究室（原名特種研究室）電令

事。奉諭中蘇商約全文以暫不發表為宜。九時即往王部長官邸接洽之。十時歸寓，閱本日參考消息及日報對於蘇芬媾和事，惜中央日報迄今無評論，蓋慎之也。午餐後又小睡一小時，豫財廳長曹仲梅來訪，談河南情形甚詳。得電成都米價飛漲，社會略有騷動不安。奉諭辦發致川、黔省府及經濟部、農本局、渝市府等取締居奇平抑日用品之物價。閱六組情報件十八件。晚餐後處理四組文電十二件。夜閱民意論文集及政治部與戰委會小冊子，至十一時寢。

3 月 16 日　星期六　雨　六十四度

八時卅分起。閱參考消息及共黨刊物，與辦公廳送來之件。十一時擬呈黨務委員會充實工作及指定專人負責審議專題之意見。十二時參加黨務會報，葉、段、朱、谷、甘、康等提出意見及報告，委員長綜合指示之。所討論者以平抑物價及促進經濟生產為主，二時卅分始畢。與雪艇、騮先、劍霞等談話後即歸寓。小睡一小時，閱六組情報二十九件畢，到張公館舉行侍從室會報，討論奉諭擬具日課考績及訂定本室服務規程等件。七時即在張宅晚餐，經國亦來會餐。八時卅分餐畢，往謁委員長，歸寓覺飲酒太多，十時即寢。

3 月 17 日　星期日　陰晴　五十九度

七時五十分起。今日氣候轉寒，然余以昨晚睡足，精神較佳。近三日來，又不似前之易感疲煩矣。辦電稿三

件，函張、翁商詢農林部事，並處理私函六件。十一時詠
霓來談中央研究院及經濟部、水利委員會、農本局職掌
事。莊仲文君來訪，談交通運輸機構應歸統一事。十二時
卅分午餐，餐畢小睡，至二時起。閱六組情報件三十四
件，汪逆登台殆已不遠矣。接閱參謀長會議訓詞兩篇，費
時三小時。晚餐畢，核閱四組收發文十六件，芷町談一小
時去。為成都搶米風潮事，承命辦發電令一件，閱中蘇文
化雜誌。十一時卅分寢。

3月18日　星期一　陰　五十四度

八時起。昨晚約睡足七小時以上，但晨起仍極勉
強。此三個月來，總不能早起，奈何。接委員長電話詢成
都治安事（人事會議開幕詞）閱報及參考消息後，修改關
於五權憲法之講詞，進行異常遲緩，至十一時僅校改五分
之三，唯果來談，遂中止工作焉。午餐後續與唯果商談月
刊內容及理論研究。小睡至三時醒，校改參謀會議訓詞之
三及參謀會議閉幕詞，費時三小時。龔孟希君來談河南建
設，彼已卸任矣。閱第六組情報件二十四件。晚餐時心煩
意倦，不思食。芷町攜公事十件來，處理畢，已八時，疲
甚，不能作事，強自振作，校改人事行政會議開會詞，至
十時卅分完畢。十一時寢。

3月19日　星期二　陰　五十六度

九時起。昨晚睡眠又不充足，晨七時醒，然無力即

起，故濡滯以致晏起也。以雪艇、詠霓之來函摘呈委員長，並處理私函五緘，撰擬致中央研究院評議會第五次年會之祝電。午餐畢，覺頭暈發冷，小睡後仍未痊癒。閱六組情報件十九件，精神殊不能貫注。五時張曉峯君來談。旋黃季陸君自成都來談十四日搶米風潮之經過，所言極冗長，危坐靜聽一小時餘，乃覺不能支持，不得已就枕小憩。芷町約往姑姑筵晚餐，遂不及赴矣。八時卅分與季陸同謁委員長，報告奸人發動風潮經過。十時卅分始回寓，撰新聞專修班畢業訓詞，一時卅分就寢。

3 月 20 日　星期三　陰　五十七度

七時醒。昨晚徬徨轉側不能成眠，約計僅睡三小時而已。勉強合眼靜息，至九時起。發中央政校代電，寄去畢業訓詞。閱本日各報，覺頭痛甚烈。滄波昨自港回，特來訪談，十一時卅分去。午餐後急服藥小睡，至三時五十分醒，精神稍復。同茲來談偽府月底決成立，公弼處境極危，甚為懸念。處理私函七緘。傍晚詠霓部長來談。今日未閱六組情報。七時處理四組文電十九件，並閱呈表多件。夜簽呈三事，服藥一丸，十時卅分寢。

3 月 21 日　星期四　陰　五十八度

晨八時五十分起。昨晚睡眠稍佳，然精神未全復也。閱參考消息，知汪逆偽政府之各部人選已選定，勢將於月內成立，簽請委員長準備聲明文字。十時張國燾君來

談，送來高級幹部養成之意見。十一時五十分至官邸謁委
員長，報告成都來電及中研院情形。十二時卅分歸寓，閱
六組情報卅八件。午後小睡起，致果夫、志希等函。四時
張曉峯、竺藕舫兩君來訪，六時詠霓來談。處理四組文電
十一件，芷町談邊務及平定物價事甚久。與岳軍在電話中
談陶君事。夜閱中國共產黨之檢討。十時卅分寢。

3月22日　星期五　陰雨　五十四度

八時卅分起。閱委員長批定之設計機關合併之意見
及考核委員會之組織，詳細研究其與各機關之關係。又奉
諭查詢川省實施新縣制之實況，送李宗黃君，請其以當日
會議情形陳覆。十一時滄波來談，十一時卅分與同至官邸
參加星期會談。今日除常到諸人外，黃任之、錢新之亦參
加，與岳、雪二君談外交與內政。二時卅分餐畢，回寓小
睡。四時電訓班陳教育長志和來談班內事務，囑其率領同
學于星期日到黨政訓練班聽訓話。七時到官邸，參加招待
中央研究院評議員之晚餐，到二十六人，秉農山、陶孟
和、胡步曾陳述意見最多。九時四十分往訪新之於交行，
十一時歸。十二時寢。

3月23日　星期六　五十四度

九時卅分起。昨睡仍不佳，故又遲起，覺頭暈殊甚
也。十時往謁委員長，承命預備參政會開幕詞。委員長患
傷風，然仍力疾視事。十時卅分出往訪鐵城，未晤。繼至

中央社訪同茲，以委座發給公弼之特別費託其轉匯，並致
公弼一電，囑於環境萬不可留時轉港來渝，略談歸。鄭彥
棻君偕顧季高廳長及李君來訪。顧君談粵財政金融及省銀
行情形甚詳，約一小時許始去。十二時到官邸會餐，今午
委員長約中央執監常委各部長會談南京偽組織成立後中央
應作何表示，決定由行政院及外交部準備書面令告。三時
餐畢歸寓。略睡，閱六組情報卅件，處理私函十緘，核定
四組文件十六件。夜高凌百來談星洲僑務，黃麟書來談教
育。十一時寢。

3 月 24 日　星期日　陰　五十五度

八時廿分起。到中宣部禮堂參加蔡子民先生追悼
會，遇蔣夢麟君於客室，詳談昆明情形。又與楚傖、公展
談話，十時後始回寓。讀蔡先生追悼專刊，以吳稚暉先生
一文最發人遐想，其述愛國學社成立前後之革命情形，恐
今四十以下之人能領略者鮮矣。十一時唯果來談約一小
時。余今日精神仍不甚佳，心思轉為紆緩。午後又睡一小
時，潘伯應兄來談，知仍肆力於詩歌。閱六組情報廿五
件，四組文電十九件，夜讀新西北月刊文藝號，內容甚
雜。十時卅分就寢。

3 月 25 日　星期一　晴　五十六度

八時五十分起。處理公私函札十二緘，閱乃建、毓
麟兩兄摘述之軍事及敵情六月來概述。上午便如此匆匆過

去矣。魯若衡君來訪未晤，余近日身體真覺衰疲已甚，每
日作事時間不能超過四小時以上，文件之待理者、函札之
待覆者、賓客之待見者均無暇應付，如此者已一月有餘，
雖盡量休養，而精神總不能振作。今日午後天氣晴朗，但
我心之怫鬱仍如故也。張曉峯君來，亦不及接談。閱六組
情報十五件，閱時代精神雜誌二卷二期，心不能寧靜，閱
書亦無益。晚餐後強自支持，處理四組文件十四件。九時
洗澡，十時即寢。

3月26日　星期二　雨　五十八度

七時卅分起。昨晚睡眠充足，晨起精神較佳。校閱
人事行政會議開幕禮演詞，對五院分職一節，甚費斟酌，
改定後即送自誠付印。並簽發覆克立滿斯函，擬賀泰戈兒
八十壽辰電。午餐後小睡一小時起，發港杜君電兩通。約
唯果來商參政會開會詞要點，即囑其起草初稿。程一中君
來訪，談百里先生軼事。陳筑山君來談四川建設計畫及興
業銀行等事。五時季陶約往談，到文白家訪之。彼飲酒微
醉，精神興奮，談話滔滔不絕，多感事傷時之語。七時始
歸，閱六組情報十八件，四組件十件，致岳軍函，附電
稿。十時卅分寢。

3月27日　星期三　陰　六十度

九時五十分起。閱報載靈山克捷，五原亦於前週被
我收復，前線戰況顯見好轉矣。季陶昨日交余建議書兩

種，囑為斟酌轉呈：（一）為肅清文字侵略；（二）健全
理論研究之機構。為之詳細研究，覺後者意是而苦無辦
法；前者則彼不免有一種成見，與荀子所謂「約定俗成」
之旨相悖。余以為應認真者當別有所在也。午後小睡極
沉，夢見外舅姑，醒時覺心神不寧。處理私人函札十緘，
覆八弟、細兒、邁兒各一函，對邁兒為述作文之法，蓋評
閱其去年作文成績所得之結論也。閱汪、周諸人之傀儡演
詞，其無聊真可哀。閱六組情報十八件、四組文八件。夜
與芷、果、自誠談。十一時就寢。

3月28日　星期四　陰　六十度

　　九時起。今日腦筋疲鈍散漫不可名狀。審閱唯果所
擬之參政會五次大會開幕詞，擬為修改，竟不能動筆，腦
際空空，即普通字面亦想像不出，只得置之。十時張曉峯
君來談浙大近況與文化宣傳及青年思想善導問題，談次忽
覺發冷，幾不能支坐。曉峯未覺察，談一小時餘而去。繼
鄭西谷庭長來談西北教育文化之設施及甘肅省政與邊區教
育等。云有沈亦珍君任甘教廳秘書，在美習教育，而長於
中西文字，且對社會科學、青年訓練常識亦極豐富，囑為
注意云云。西谷任甘省教育，頗能規劃，談一小時別去。
余疲極登樓，望弟以函件一夾及六組情報件十八件呈閱，
勉強支持而閱畢之，遂大疲困，不欲進餐。祭奠二伯父諱
忌後，即蒙被而臥。二時起，岳軍先生來談設計機關統一
及考核委員會等組織人選各事，又談約一小時。彼去後，

擬振作精神，修改文字，竟仍不能用腦，進行極遲緩。五時唯果來，囑余暫緩，雜談近事，以解鬱悶，得聞憲政期成會名論甚多。晚餐後，八時唯果別去，九時開始修改開幕詞稿，十時卅分完畢。洗澡後就寢。

3月29日　星期五　陰、下午晴　六十度

九時五十分起。開幕詞稿於八時前命陳清攜呈，蓋昨晚所預交也。今日精神仍不振，呈請委員長給假兩天，稍資休憩。中午星期會談亦未參加，而午前之全室研究大會則由鄒副主任代張主任主持，余則未能前往矣。閱六組批表十八件，囑芷町發唁電兩則（一唁方鶴濟，一唁李溶主席）。午餐後仍小睡至三時起，精神漸趨寧定。閱六組情報二十四件，簽覆手令詢問建國大綱一件。夜無事，閱自反錄第二集三冊。十時卅分寢。

3月30日　星期六　晴　六十二度

八時五十分起。今日天氣大晴，且甚煦暖，在此半月中為最佳之天氣，然余之精神仍如此萎靡，真不可解也。汪逆偽組織終於登場，林主席嚴詞誅斥之。九時卅分奉召往官邸，對市政會開幕詞，委員長命加入新意三點，歸寓後就昨稿整理，擬將前稿原詞痛加刪節，結果只刪去五百餘字，重新加入兩段，約八百字。自十時動筆，至下午四時卅分始完成，可謂遲鈍之至。閱六組批表十二件、情報十八件，復為休息腦筋，即不復作事。晚餐後芷町來

談公事約一小時而去。閱民族詩壇一卷。九時卅分寢，
十一時入睡。

3月31日　星期日　陰晴　六十五度

　　七時四十五分起。閱報載汪逆偽組織在南京登場之
消息，更從中央社參考稿中得見其政綱，此真不知人間有
羞恥事矣。發各省政府、省黨部及戰區司令長官各一件。
處理公私函札十四件。近來函件太多，殊覺應付不暇。望
弟此一月來日益頹唐，毫不積極，甚可痛心。閱函件畢已
十二時矣。唯果來談甚久，一時後始去。小睡至二時四十
分醒。接泉兒來函，正擬作覆，四時奉委員長召往官邸，
交下行政院擬呈之政治報告稿，命將開幕詞重擬，將兩件
合為一篇，並指示三點，歸即著手重寫，思滯不能迅速進
行。晚餐後又接兩手諭，命插入三大段，端緒更繁，心殊
焦急。此種苦況，不堪為外人道。至十二時始勉強完稿。
拉雜拼湊，不復能有條理，固由筆弱，亦因時間太迫促，
無暇從容思索也。略進小食後一時就寢。

4月1日　星期一　陰　六十五度

七時十五分醒，八時十五分起。九時到行營，知紀念週在國府舉行，遂歸寓小憩，整理書件。十時到軍委會參加國民參政會第五次大會開幕典禮，議長致詞約四十分鐘始畢。參政員梁上棟答詞，十一時卅分禮成先歸。發皋、細各一函，午餐後小睡未入眠。二時起，精神不甚暢爽，四時後為委員長修改開幕詞，自四時卅分至七時接電話十五次，修改甚多，七時卅分完畢，即送中央社發表。顯光、盧白兩君來談，囑其先發要點。默察顯光意似不懌也。徐可亭君來談甚久。覆泉函。十一時寢。

4月2日　星期二　陰雨　五十八度

八時卅分起。以昨晚下雨，今日天氣又轉寒。閱三日來參考消息，讀莫洛托夫之報告全文，對英法攻擊甚烈，而對美則相當緘默，且仍處處聲明對歐戰中立。此種外交詞令，應用于長篇演說，殊堪玩味也。上午以閱報消耗全部時間。下午小睡起，略略整理積件。勤士先生七十壽，以「兩世勛庸，一門清要；七旬矩度，百歲期頤」十六字祝之。滄波來談一小時餘去。思作事，仍無精神。如此荒怠，真一年不如一年矣。閱六組情報件十二件畢。晚餐後鐵城、慶雲兩君來談，向海外僑胞募集航空捐一千萬美金事。芷町、唯果來談甚久。閱四組文件十四件，甚費力。九時卅分洗澡後十時就寢。

4月3日　星期三　晴　五十八度

八時四十分起。閱劉振東擬呈之社會政策研究綱要，覺內容包舉廣泛，而未能把握要點也。處理公私函牘十二件，覆譚平山、李子翰各函。今日精神仍不佳。十一時文白主任來談一小時去。對軍政各事均有所論列，深以不能應合時機為慮。午餐後小睡至二時起。聞敵機由漢西飛，竄至奉節投彈即飛回云。蕭自誠秘書來談中政校學生擬請續辦大學部事，並送來通信班訓詞一篇，即為核定之。閱六組情報件十四件，晚餐後芷町攜文件一大疊來，處理畢已將九時矣。往見蔣夫人，承饋藥品等物，十一時就寢。

4月4日　星期四　晴陰　六十二度

七時五十分起，為蔣夫人代擬箋啟一件，處理公私函札六件，覆蕭化之君函，並簽呈關於社會政策研究及徵調黨員任調查工作之意見。閱情報及參考消息，知敵軍最近策略有三大要領：一、防守重於攻擊；二、宣撫重於掃蕩；三、擾亂重於佔領。此宜速為講求對策者也。午餐後小睡至一時四十五分起，精神似轉佳。委員長招往談，命擬發獎勉傅宜生收復五原之電文。五時辦畢。閱六組情報十六件，批表十八件。得杜函，知高君已於三月二日離菲赴歐矣。覆慶祥轉鄭克堂函，核改電訓班講詞記錄。夜芷町來約談一小時，處理四組公事十四件。接君勵、慕韓囑轉呈之函。十時卅分寢。

4月5日　星期五　晴　六十五度

七時五十分起。昨、前兩晚均服藥片，故睡眠較
佳，或亦因近兩日內減吸紙煙之效果也。八時卅分往官
邸，將張、曾之函呈上，略談即出。鄭鶴聲君來訪，談編
譯館事，約卅分鐘而去。十時卅分到高盧，祝勤士先生
七十壽，到賓客甚多。歸寓後鄒韜奮、沈鈞儒等對於五五
憲草之意見。一時午餐畢，略睡至二時醒。三時到參政
會，出席第五次大會，聽取第三審查會報告及憲政期成會
修改五五憲草之報告，由原文一四八條，縮改至一三八條
（國民教育章全刪）。七時會畢歸寓。志飛姪自港來，今
日到此。閱四組文十四件。往謁委員長，發電獎五原戰役
將士，十一時寢。

4月6日　星期六　六十五度

八時起。今日覺腦力漸健，心中不煩亂，所患或將
漸癒乎。閱參考消息及參政會提案。十時佩箴來談，旋約
唯果來談閉幕詞之準備。十時卅分出席侍從室第卅九次會
報，決定議案四件，並討論考績及訓練案。十二時歸寓午
餐畢，小睡起，處理公私函札十二緘，閱六組情報約二十
件，讀韋爾斯世界人類之命運一文，為社會主義鼓吹甚
烈。五時到參政會，方辯論憲草，討論極強烈，委員長折
衷諸人意見，有明確之指示，約卅餘分鐘，所言誠擊痛
切，然解者仍不多也。最後宣告辯論結束，有意見仍可送
大會轉政府。七時散會歸，自誠來談，處理四組文件十五

件，撰芷町母七十壽言。一時就寢。

4月7日　星期天　晴　六十二度

　　八時五十分起。以昨睡太遲，夜眠又不安，致竟日感覺疲倦。近來竟不能在夜間十二時以後工作，亦不自解從前何以能過七年之記者生活也。汪荻浪兄來談勞軍美術展覽會事，其所作「委員長對自然與藝術之欣賞」一文頗可誦。此君年來進步不少。正午約宇高來商文字。午餐後小睡，只覺手足僵冷腦痛，而週身不舒，昨、今兩日又判若霄壤。五時許邵夫人來談，約四十分鐘去，聞余病而來視也。閱六組情報十八件，核呈陶件。夜處理四組文電十五件，甚覺心煩，方欲就寢，而立夫來談某大學事，約驪先來共商，十二時始畢。即就寢。

4月8日　星期一　陰　六十一度

　　七時五十分起。委員長召赴官邸，與雪艇同進謁，談參政會各事，交下駐會委員會名單，十時往中央秘書處與楚傖接洽。十一時到四組辦公室發電兩則。往訪季鸞，商閉幕詞之要點，談至一時許歸寓。午餐畢，處理私函五緘，閱外交電六件，核定本處上月報銷。小睡至四時起，陳慶雲、羅志希來談。今日未閱六組文件，六時後研究閉幕詞，八時到官邸陪季鸞、雪艇同晚餐。新之來談，九時卅分歸，處理四組文件八件。今日覆月笙一電，為黃溯初事。十一時就寢。

4月9日　星期二　雨　六十二度

七時卅分得惡夢，夢見某友在滬病逝，驚愕而醒，心中怦怦跳躍不止，遂不復能入睡。八時卅分起，起草參政會第五次大會閉幕詞，自九時卅分屬早，進行甚遲緩，至一時僅成三段。下午小睡四十分鐘起，繼續撰擬至四時完成。今日未閱第六組情報，而心力已大感疲頓矣。請孟海寫陳母壽言，孟海評余此文為真摯，謂先師矩度仍有傳人，余則自以荒傖之氣不能盡除為憾也。處理私函七件，董維城、維寶兩君來談吾邑盜墓之風日熾，電徐專員飭令嚴加督促輯辦。夜芷町來談，核定訓練簽呈，十一時寢。

4月10日　星期三　陰晴　六十三度

八時卅分起。昨晚入睡甚遲，今晨又晏起矣。閱報知德挪宣戰，北歐風雲轉緊，幸蘇芬問題已解決，不然當更有擴大之可能也。十時列席區黨部執行委員會，到張指導員及鄒、羅、唐、蕭四人，唯果以病缺席，決定三案，十一時卅分散會。歸寓略閱文件，十二時卅分往謁委員長。謂閉幕詞擬不用書面，以口頭講演較為自由，並商詢要點，一時始回寓。午餐後休息至二時四十五分起，三時參加參政會五次大會閉幕式，委員長致休會詞，莊西言答詞，四時五十分禮成，與自誠同歸。整理閉幕詞要點，凡二千三百言，以二小時之時間寫成之，匆促極矣。七時卅分參加官邸宴會，到參政員張一麐、朱叔庭、光昇、劉哲、王雲五、陸費伯鴻等二十一人，余及雪艇作陪，九時

宴畢，略談始歸寓。疲甚，接皓兒來函。十時卅分寢。

4月11日　星期四　晴　六十五度

八時廿五分起（昨夜未服藥，睡中多惡夢）。九時出席國防會議常會，以張秘書長有事，故往代行職務。今日青年團全體會議因之未能出席。十一時卅分散會，到芷町家祝壽，其太夫人臥病，並登樓往謁焉。略談即歸寓，午餐畢，澤永甥來談，余覺倦甚，休息至二時卅分醒，心緒甚惡，思慮紛亂，亦不解所以也。朱鐸民君來談，勸余學佛。旋唯果來談。五時核閱六組情報十八件畢，張季鸞君來談甚久。傍晚天漸熱，心亦益煩悶，條陳及意見書共三件。晚餐畢，季陸來談，核呈四聯總處本年計畫。十時卅分服藥就寢。

4月12日　星期五　晴　七十一度

七時四時分起。今日精神似稍佳，改擬通電稿兩件：一、通電各省政府考察受訓回任之人員，不得依恃學籍違法妄為；二、電各省黨政當局密切聯繫協助，並指示黨與青年團工作要項及今年度應以禁煙、清鄉、衛生、兵役等諸項為主，令會擬辦法進行。張秘書來談視察雷馬、屏峨及宜賓區之見聞，十一時卅分去。處理私函四件，為旅蓉同鄉會題字。接希聖七日發函，深訝其必欲出國之堅決，其實無此必要也。下午休息至三時起。天氣愈暖，閱外交電四件、六組情報及意見書卅餘件，整理書物後心思為之

清定不少。作簽呈三件，開先、百川兩兄來談甚久。十二
時就寢。

4月13日　星期六　雨　六十二度

八時卅分起。氣後驟涼，甚感不舒。閱外電九件，
處理私函十件，審閱對兵役人員政工人員講詞各一篇，擬
修改閉幕詞未畢。十二時往官邸，參加黨務會談。委員長
對黨派問題處置及政治部青年團工作範圍甚詳。二時卅分
散，到文白寓一轉，知我等四日內將出發。歸寓疲甚，小
睡至五時起，閱情報批表等十六件，晚餐後處理四組文件
十九件，與芷町談至九時。擬往訪亮疇未果。到張家花園
一號，訪劉經扶總司令，為羅集誼事有說明。十時歸，
十二時寢。

4月14日　星期日　陰　六十二度

九時卅分起。精神又疲滯不振，以睡眠不能充足
也。十時卅分往訪王外長，接洽駐土耳其公使人選，並商
電訓班事。談卅分鐘歸。實之來談。閱本日參考消息，汪
逆在粵廣播，言語支離，所謂理拙詞窮，信不誣也。午餐
後小睡至二時卅分醒。核閱王、孫、袁三君編成之事略
（民國十六年全年完，十七年四月至十八年三月止共五
本），即呈核示。又發通函十一件，告支配工作人選事
（奉手諭飭辦）。邵秘書送來北歐戰局展開後之觀察，長
四千言，綜述甚有條理，囑列表呈閱焉。竺藕舫來談浙大

經費事，為分函君武、可亭注意。核辦四組文件十六件，
八時至官邸晚餐，騮、立、開先同餐，九時五十分歸。
十一時就寢。

4月15日　星期一　晴　六十四度

　　七時四十分起。今日天氣暢晴，日光明麗，然余心
終似有陰靄籠罩，甚不舒暢。盥洗畢，略治私事，為四川
銀行事致孔先生一函，又整理書篋，九時起繼續整理閉幕
詞，十時為一組誤報時間，到新會客室參加甲種會報，嗣
知改中午敘餐乃歸寓。十一時道藩來訪，為國民大會議場
建築事，投標需費九十二萬至九十六萬，超出原定四十四
萬之數甚多，即為簽呈請示。向午手冷心躍，頭腦暈重。
唯果來，略談。十二時參加敘餐，到第三處組長四人、副
處長劉詠霓，至二時始畢。文白到余室商考績甚久。三時
歸，略睡至四時醒。徬徨煩悶，不能作事。閱六組情報
二十餘件，四組批件八件，夜自誠、芷町均來談甚久。
十一時就寢。

4月16日　星期二　陰晴　六十四度

　　七時四十分起。盥洗畢，略休息，以電話致王外
長，請提出力子先生任蘇聯大使案，並覆雨岩、道藩函，
以國民大會會場建築事，總裁批令「仿照訓練班禮堂之形
式，材料從儉」之意告之。八時卅分起修改青年團全體會
議團長訓詞，至十時卅分完畢。杜國庠君來談，旋楊嘯

天、董顯光來談。董君牢騷，有辭意，極力勸慰之。時已正午矣。午餐畢，小睡至二時起。修改參政會閉幕詞，至四時五十分完畢。繼續整理憲政問題之意見，疲甚不能工作。五時卅分力子先生來談出使俄事，頗依依不捨，至七時始別去。晚餐畢，處理六組情報十件、四組文件十四件，辦理並覆核本室考績。十二時寢。

4月17日　星期三　晴　七十度

昨晚僅睡足五小時，今晨七時即醒，勉強合眼靜息，至九時十分起，精神疲倦，腦際微痛不止。今日本室研究大會以病未參加。閱報後，為委員長補充修改參政會之休會詞，事畢已十二時，可知進行工作之遲緩矣。午餐後小睡至一時五十分起，亦未入眠也。三時後閱情報，為蔣夫人修改對美廣播稿三篇。氣候轉熱，致腦暈益甚。第六組送情報十六件來，僅閱一、二要件，餘均請唐組長代核。覆希聖一函，歷敘接洽各事與對彼出國之意見，晚餐畢，核辦四組文件十五件。百川來談，託帶去函四緘。九時卅分唯果來長談，甚快慰。十一時就寢。

4月18日　星期四　隱晴　七十四度

七時卅分醒，九時卅分起。以昨晚服IPRAL，睡時較長，故精神略佳。閱報載英德在挪邊海戰漸酣，義國亦有在地中海躍躍欲動之勢。敵國垂涎荷領野心益張，從此國際風雲必更緊張矣。致王外長一函，詢電訓班事。處理私

人函札八件，與慶祥電話中商談電訓班後期計畫，約明日詳談。汪日章來，未及接見也。午後小睡至三時醒。曹聖芬來談文字，學素來談黨政訓練班事，約一小時而去。閱六組情報三十二件，為委員長擬函稿三件。晚餐畢，芷町攜來呈表等十六件，即為處理之。岳軍先生送設計總局人選，即簽擬函覆之。十一時就寢。

4月19日　星期五　雨　七十二度

晨七時四十分醒，八時十分起。唯果來談雜誌搜集事，亮疇先生來談卅分鐘而去。再致岳軍一函，商教育專委會人選事。接委員長電話，再將休會詞補充一段繕正呈閱。十時後整理委員長在參政會講演憲草與憲政實施之意見，至一時完畢。小睡至三時起。約慶祥、公蕭及陳志和君來談電訓班事。決定考試計分標準，並擬下期暫緩續辦。五時力子先生來談。閱六組情報十二件。開先來談卅分鐘去。許朋非君來談建設川政要旨。六時卅分芷町來，代批公事八件，核呈十一件。夜休息。十時就寢。

4月20日　星期六　晴　六十四度

七時四十五分起。昨送休會詞又奉交下重繕，並加標題，一面接洽出行，準備各事，處理私函（發泉函），整理積件，甚感忙綠。九時卅分往謁委座報告電訓班事，奉諭下期暫停招亦可，即函慶祥告之。並囑主持考試與畢業諸事。十二時往官邸參加星期會談，到二十四人。甘介

侯報告歐洲戰局甚詳。餐畢與季鸞同謁，談十五分鐘。三
時歸寓，對閉幕詞稿作第五次之修整，並處理雜事，遂未
午睡。開先、顯光來談，甚久而去。五時卅分發新聞稿，
六時卅分至四組處理公事畢，歸寓晚餐。夜毓麟兄來談工
作，力子先生來談一小時。十時卅分寢。

4月21日　星期日　陰　六十四度

　　七時五十分起（醒時約在六時左右）。整理各件，
準備出行。芷町上午先動身，囑陳清隨行出發。奉交下
二十八年日記，即為密存櫃內。又處辦批表數件（發子文
電），並通知各單位旬日內勿呈閱普通文件。致力子一函
（抄附要件）。午餐畢，核辦發文十二件，略睡片刻。二
時卅分到珊瑚壩，三時起飛，四時十分抵成都，即赴軍
校。鄧、賀、黃等十四人來謁委員長，談十五分鐘而去。
余與文白偕武鳴至四道街十一號暫寓。戴頌議局長來訪，
芷町、唯果亦同來晚餐。餐畢，陪季陶至官邸晚餐。九時
卅分借文白同訪季陶於其吉祥街之新居，談至十一時十分
回。即寢。

4月22日　星期一　晴

　　九時五十分起。張明鎬、陳筑山來訪，均未晤。遣
陳清以車往接遲兒來寓，與談以後工作之途徑。十二時委
員長約往談，以事略（民國十六年）二本交下，並囑轉詢
賀秘書長以省政各事。十二時卅分仍回寓午餐，餐畢略

睡。三時偕文白同至軍校，囑芷町辦賀函。四時隨委員長同至沙河舖岷江農場謁謝慧生先生之墓，五時卅分歸。胡次威君來詳談半年來之民政工作及訓練班情形，六時黃軍長逸民來訪，今晚武鳴宴會，以有空襲警報，來客均各散去。與芷町等同至軍校，十一時解除後歸寓。晚餐畢，十二時卅分寢。

4 月 23 日　星期二　晴

七時廿五分起。為委員長擬灌音講演詞。八時偕文白到軍校，同見委員長，九時參加中央軍校第十六期畢業典禮及閱兵式，參加官兵約九千人。檢閱時軍容壯盛，外籍新聞記者攝為電影。十一時典禮完畢，與明煒、志翔二君略談，一時參加畢業生敘餐，孫夫人亦蒞席。二時卅分散，即歸寓，小睡至四時始醒。五時卅分陳筑山廳長來談經濟建設甚久，晚餐後與文白、武鳴往訪元靖，談至十時始歸。十時卅分寢。

4 月 24 日　星期三　晴

八時十五分起。九時到軍校官邸謁委員長，報告民政、禁煙、建設等事項約卅分鐘。退至辦公室一時，即歸寓。十時卅分偕文白、武鳴兩兄往游華西壩，參觀金陵大學柑桔事業展覽會。十一時卅分到孫總司令德操家賀喜（其子結婚），十二時以鄧晉康約同至醉漚酒家便餐，餐畢回寓小睡。三時偕張、陳兩君往觀電影，四時十五分

畢，至少城公園散步啜茗。文白謂今日一天游息，必與君
身體精神有益也。八時到官邸，與賀、張、陳同敘餐，十
時歸。季陸、唯果來談，十一時卅分睡，十二時許發警
報，敵機兩批炸遂寧及渝郊。二時卅分解除，歸寓即寢。

4月25日　星期四　晴

十時卅分始起，以昨夜入睡太遲也。委員長今日游
青城山，文白、晉康、德操同往，余未偕行。本擬約季陸
等游新都，以體倦亦未果。泉兒昨來函，求出國甚堅，余
何術以應之，乃命其來談，為之剴切曉譬，囑俟抗戰結束
後再說。二時卅分泉兒去後，仍就床小憩，至四時三分始
醒。今日殊暢睡矣。散步園中，與武鳴談此間辦理省訓練
團之經過甚久。六時到軍校辦公室，處理四組文件十五
件，六組情報十件。劉韶仿、仲荻諸君約晚餐，以事未
往。八時歸寓，文白自青城山歸矣。夜閱情報十二件，
十一時就寢。

4月26日　星期五　陰晴、夜大雨

八時卅分起。昨晚以看書過遲，睡眠不酣，今晨為
季陶來寓驚醒。九時到城外省政府，列席三八三次省務會
議旁聽。由賀秘書長、民、財、教、建、保各處長及會
計、地政主管人員與軍管區參謀長分別報告主管事項。一
時會畢，即在省府午餐。餐畢，二時進城，處理各方面呈
之件，即在軍校稍憩。五時委員長約各學校校長茶敘，到

十五人，約談一小時卅分，余與郭廳長作陪。七時卅分宴紳耆九人，文白及余均列席。十時歸，十二時就寢。

4 月 27 日　星期六　陰

八時十分起。到官邸一轉，即與芷町同往城外省府。今日委員長為詢問川財政預算及建設工作與方案等，各別約見會計長王耀（炳生）、甘財政廳長及陳建設廳長等談話，討論極詳盡。自午前九時至午後二時卅分始畢完畢。並接見人事科長虞克裕。三時歸寓小憩，四時五十分往李幼椿君，談一小時餘。七時卅分赴譚輔烈、鄧雪冰兩君之約晚餐。餐畢，與唐組長同歸寓，談廿分鐘。陳辭修君自渝來，十時始到。蕭一山來訪。處理六、四組文件畢，十二時卅分寢。

4 月 28 日　星期日　陰晴

七時五十分起。八時卅分偕辭修、文白諸兄赴官邸。九時參加軍校紀念週，委員長對全校官生七千餘人訓話，以主義、紀律、決心三事相勗勉，並歷舉缺點反覆誥誡，達一小時餘始畢。戴先生亦參加，禮畢，略坐即去。余至辦公室，閱辦文件十餘件，發電兩件，並發電訓班畢業訓詞。十二時至東華南街赴旅蓉同鄉會之宴，到同鄉二十餘人，滿室甬上土音，如同鄉里，尤以得見同鄉之服務機械工業者三人，為欣幸也。席散已三時餘，即回寓小睡。四時卅分再到軍校，與蕭一山君談話，委員長交下告

川紳出任鄉鎮保甲書，為再整理之。七時十五分赴賀元靖家晚餐，九時卅分畢。十時到文廟後街訪黃季陸君，文白等同去小坐，至十時卅分歸。與辭修、文白、武鳴集文白室內談往事，辭修健談甚，一時始就寢。

4月29日　星期一　晴

八時起與文白同赴軍校謁委座。九時偕往省黨部參加擴大紀念週。委員長對六個月來之川政綜合檢討，至十時二十五分始畢。並接見黨部各委員，余與程天放兒（昨自峨嵋來）在客室略談。十一時回軍校。處理文件四件，發表告川紳書。午餐後回寓小睡，覺甚困疲，三時二十分始醒。章之汶來談甚久。閱情報十五件，並至四組辦發文電六、七件，七時回寓，即赴潘仲三家，應鄧、潘二人晚餐之約。飲酒二杯。八時卅分與文白、辭修同至官邸，商戰區人事調整等各事。至十時卅分始歸，接泉兒函，仍堅請出外遊學。辭修約談話，至一時許始就寢。未服藥，且心情甚惡，輾轉不入睡，四時卅分始寢。

4月30日　星期二　晴

七時即醒，精神極疲頓。八時到軍校，八時卅分隨委座同赴城外，出席三八三次川省府會議，決議例案八件。十一時卅分至軍校，閱手諭六、七件，分別辦發，並研究川財政之件，即在校本部午餐。一時卅分回寓小睡，未久即醒。今日為泉兒事非常帳腦，苦無解決之法。三時

往見委員長,交下關於川省概算之甘廳長簽呈。四時與芷町同至城內省府會議廳出席生產計劃委員會,到委員四十餘人,委員長指示四川經濟建設之原則。五時五十分散會,與芷町同歸寓。聞昨晚發出預行警報時,保安隊士兵與學生衝突,此又一不快之事也。七時至軍校處理文件六、七件,即與文白赴陳筑山家晚餐。八時再與文白、辭修到官邸晚餐,續商昨談未完之件。十時十五分同歸寓,覺疲甚,即服藥二丸,洗足就睡,倒頭即眠,約在十一時許矣。與岳軍通電話一次。

5月1日　星期三　晴、暖甚

七時卅五分起。今日為地方行政幹部訓練班開學，余實疲甚，且有事待理，遂請假未出席。在寓核閱墾殖計劃，並修改星期日講演稿一篇。十時卅分約泉兒來談，告以遊歐事請求補助，未蒙允准，並勉以達觀與堅忍勿動於流俗之言。十一時五十分赴軍校官邸，陪甘廳長午餐，商預算。一時餐畢，約甘君到余室內談話一小時餘。回寓小憩，至四時許始醒。修改星一紀念講稿未完，約芷町來寓，商辦代電數件。七時到劉韶仿主任家晚餐，未終席即辭出，到軍校。與李幼椿同見委員長，談一小時餘。十時同李君歸寓後，即回四道街，與岳軍通電話。十一時就寢。

5月2日　星期四　晴

八時十分起。奉電話約赴官邸，交下手令七件，並命準備經濟建設之文字，談卅分鐘。退至辦公廳改正星期一日紀念週之講演，補判去電十一件，發出電報代電八件，又自擬發電三件，函筑山索統計材料。十一時五十分歸寓一轉，即至實業街廿五號，應鄧文儀、黃仲翔、任覺五等八人之公宴。二時卅分餐畢，歸小憩。三時卅分到官邸，四時到省府會議室，參加禁煙會議。由徐壽剛、鄧錫侯、黃季陸、李璜分別提出報告，委員長綜合指示，六時散會。八時到官邸，陪同省黨部各委員，書記長及青年團支團部幹事二十人晚餐。十時餐畢歸，與辭修長談。十二

時卅分寢。

5 月 3 日　星期五　陰雨

七時卅分起。今日繼續舉行航空會議，余未出席。十時張維城君來訪，十一時程天放兄來談，旋辭修、唯果亦來加入談話。至十一時卅分送辭修行後，即與天放同至官邸，謁委員長。在官邸同進午餐。餐畢處理四組文件二十四件，閱六組情報六件，歸寓未及小睡。王元暉、楊全宇先後來訪，均談四十分鐘始去。六時與文白、武鳴偕遊行轅新村，並訪夏靈炳於其寓。八時晚餐。夜倦甚，閱二日之情報畢，即就寢。

5 月 4 日　星期六　陰

七時五十分起。核發電文四件，修正講稿三篇（一、陸大畢業訓詞；二、訓練團第七期畢業訓詞；三、軍校十七期畢業訓詞）。中間因有客來間斷兩次，至十二時卅分始畢。一時十五分午餐，聞第五戰區方面敵人增調兵力，有大規模佯攻之模樣，其真正企圖，尚難明瞭。二時卅分作孚、淬廉兩君來訪，談約一小時。四時奉召至官邸，面呈川康經濟建設計劃，並報告承辦手令等事。回寓發電稿四件畢，小睡四十分鐘。七時晚餐，與文白等同赴金河街一轉，八時偕渝來諸人及川省府秘書長、各廳長同至官邸會餐。餐畢至中央銀行，與可亭、作孚等談至十時卅分歸。十一時卅分寢。

5月5日　星期日　晴

　　八時起。奉電話約召到軍校參加紀念週。到青年團支團部團員二千人、省訓團學員五百餘人。委員長致訓詞，以革命應有勇氣、有耐心、勞其體魄、餓其體膚、堅忍奮鬥乃能有成相勗勉。至十時十五分禮畢。到官邸待談十分鐘，即至辦公室處理公文二十餘件，與芷町接談，即在辦公室午餐。二時始歸畢，小睡至三時。往省府招待所約翁、何、盧三君同至行轅，與賀主任商談草擬經濟建設方案之綱目。託淬廉、可亭分別起草。六時卅分散。歸寓閱情報。八時偕翁詠霓兄同至官邸晚餐，十時歸。核閱講稿，可亭來談甚久。閱川康經濟建設方案摘要，十二時就寢。

5月6日　星期一　晴

　　七時五十分起。以待理之事甚多，未去出席治安會議。閱本日報紙畢，改正委員長五月一日在省訓團之訓詞紀錄一篇，即送還蕭秘書。十一時到光城石街，與李幼椿、魏時珍兩君商川康農工學院事。至一時卅分始回寓午餐。餐畢，覆私函數緘，處理四組文件四件。三時小睡，至四時卅分醒，可謂沉睡矣。到官邸報告數事。奉交下孔函四件，命分別摘由或存閱。退至辦公室，批閱到文、發文十二件，與芷町、唯果談話。七時卅分委員長宴南僑慰勞團。治安會議出席人員及渝來諸人與本省黨政各界到七十餘人。餐畢，閱呈關於預算物價等三件，到省府招待

所，訪翁君，並與可亭談物價委員會、川省銀行、津白銀交涉、貿易委員會各事。十一時卅分始歸寓，洗足服藥後，十二時就寢。

5月7日　星期二　陰

七時四十五分起。閱報畢，散步院中，約一小時。武鳴伉儷來談，面謝此來承彼家招待之盛意。十時許忽覺頭暈欲嘔，小睡後略已。改正各區訓練（鄉鎮長）班訓詞一篇，又五五紀念日對文武學生講演詞一篇，核辦文電三件。一時到官邸，謁見委員長，陪陳嘉庚、侯西反、李鐵民三君在官邸午餐，餐畢談至二時卅分歸。小憩三時四十分醒。擬呈川康農工學院辦法要點一件，五時到行轅，賀主任告我，行轅特別支出現每月在一萬一千元以上，去年二月至本年四月臨時特支八萬八千元。七時與淬廉、作孚、可亭等會商川經濟方案綱要，到賀公館晚餐。八時卅分偕賀、徐謁委員長，奉批下特委會之件，即面交賀君，並談平定價物等事，至十時始畢。到辦公室處理文件五、六件，十一時卅分歸。與文白、武鳴略談，就寢已十二時餘矣。

5月8日　星期三　陰、夜大雨

七時四十五分起。閱經濟建設案一件，核呈情報六件，改正電稿一件。九時卅分到官邸一轉。即往省府大禮堂參加臨時集會。到中央部次長、省黨政軍人員及第一區

專員縣長等四十餘人。總裁親致訓詞，提出九點反覆勸
勉，約一小時卅分始畢。與會諸人紛紛以呈件託轉，殊覺
應接不暇。與陳筑山廳長談卅分鐘，十二時偕翁、徐、
盧、何諸君到官邸會餐，餐畢，將川省經濟建設方案略加
討論，二時歸寓小憩。四時奉約召，知方案已核定，囑徵
詢諸人意見。往訪鄧晉康未晤，繼訪潘仲三於其寓，談一
小時出。至省府招待所，適遇筑山，即交其研究，並與
翁、徐等接洽，歸寓晚餐畢，再往官邸。以此件示晉康後
即奉諭交中央社發表。辦發文件六件，十時卅分歸。武鳴
等來話別至十二時始寢。

5月9日　星期四　晴　七十四度

　　七時起。整理物件，並發致祝平、曹叔實及泉兒各
函畢，即向武鳴伉儷告別。至官邸，偕省府諸人同見委員
長（牛公路局長及楊全宇市長均參加）。九時與芷町同車
至機場，九時五十分乘康定機起飛。在機中閱川民政統計
及夷民概況，十一時到渝。望弟及聖章來接，遂歸寓。既
至，乃覺疲倦異常。午餐後小睡未熟。力子先生來談，約
一小時。傍晚閱公私函件，並核辦四組文件十一件。夜擬
往訪岳軍，聞過在宴客，乃不果往。十時卅分寢。

5月10日　星期五　七十五度

　　九時十五分起。今日仍覺疲倦無精神，且心緒甚為
煩鬱。閱各方來函二十餘件，亦無力處理或作覆。此當為

在蓉時期應酬過繁未得休息之反應也。天氣漸熱，呼匠來理髮後，始稍覺涼爽。傍午，杭立武君來談對英外交各事。午餐後休息一小時，竟至沉睡，二時十五分醒。閱團員須知第二次稿，措詞用語不妥之處太多，如此書告若竟頒布，只有害而無力也。閱至四時卅分畢，心煩不可名狀。驅車至郊外閒眺十五分鐘。到辦公室，處理本日文件十二件，歸寓晚餐畢，蔣夫人約往談話。言婦女工作人才培養之必要，所言甚澈切。十時辭歸。中途車壞。到岳軍家談三週來在蓉接洽各事情形及外交經濟，十一時卅分歸寓，十二時寢。

5 月 11 日　星期六　七十六度　陰

八時起。往謁委員長，報告兩日來各事，並呈立夫送來之報告一件。九時卅分歸寓，閱報德軍竟侵入荷比，歐戰從此擴大，而英法與德乃在陸上直接交兵矣。擬往訪楚傖，知在開會，遂未果。今日神思沉悶，甚覺不快。閱時代精神第二卷三期，公私函牘堆積甚多，實無暇處理也。午後小睡，盧作孚君來訪，談貿易委員會事。閱六組情報十八件。晚餐後謁委員長，交下十七年三月止之事各稿，芷町攜來文件卅餘件，處理畢已十一時矣。洗澡後，十二時寢。

5 月 12 日　星期日　晴　七十八度

八時卅分起。七弟來談泉兒及八弟下半年職業。十

時卅分唯果來談，並約湯定宇同來。湯君先去，唯果即留
余寓午餐。十二時滄波來，遂同午餐，餐畢，略談即去。
正擬小睡，而呂參軍漢羣偕沈衡山來訪，談兵役實施協進
會之組織，三時始去。小睡四十分鐘。陳宗熙君來，報告
電務入員訓練班結束情形。委員長約往談，命發賀邱吉爾
就任內閣之電，五時壽毅成、駱清華兩君來談貿易統制
事。閱六組情報十五件，岑西兄來訪，晚餐後處理四組文
電二十餘件，芷町談至十時卅分去。

5月13日　星期一　晴　八十二度

八時起。天氣驟熱，余致之精神體力大感不支，竟
日頭腦昏暈，骨痛難忍，一切工作均無力進行，即離蓉期
中積存之函札亦不能處理也。吳覺農君來訪，未接晤，謂
鄒秉文君欲與余一談，想為貿易委員會之事。午餐僅食一
小碗，胃部似亦不良。午後教部開學術審議會，遂亦請假
未往。澤永甥來談一小時去而去。五時到岳軍家，與可
亭、詠霓、作孚、淬廉等商川康經濟建設會事。八時歸，
閱四組文件後晚餐，摘呈會商結果，十一時寢。

5月14日　星期二　晴　八十八度

八時卅分起。今日仍覺精神頹散，頭腦暈重，大有
發熱之象，只能僵臥休息，讀報而已。十時力子先生來
訪，強起下樓，與談一小時餘。午餐不思食，餘略睡至一
時卅分起，進稀飯一碗餘。今日來訪之客均謝絕不見，午

後覺疲乏加甚，以體溫計測之，則為三十八度三，始知發熱已非一日矣。夜委員長電話約談，以病請假。芷町攜文件來，未能親閱，聽其陳述而決定之。十一時寢。

5月15日　星期三　晴　八十八度

八時五十分起。試熱為三十七度，較昨日已降低，然疲乏骨痛益甚。唯果來談最近兩日內接見賓客談話之大要，如委員長昨日會接見美大使詹森及法人歐特倫，唯果記憶力極強，所有要點均為余詳述之。並略談歐戰近況，至午始去。午餐食飯一碗，午後偃臥靜養，而天氣躁熱，甚感不舒。向晚再測熱，為三十六度七，似熱已退淨矣。夜食稀飯兩小碗，胃腸又有疾病。十時就寢。

5月16日　星期四　雨　七十五度

七時卅分起。昨晚未服藥，睡眠尚佳，但今晨起坐二小時後，又感疲憊心煩矣。陳武鳴君自成都來渝，聞余病，造寓相視，與談約半小時。武鳴謂余在成都時太辛苦，故歸後又不支也。上午閱報以外未作他事。下午小睡不及一小時。望弟攜來審核件二件：（一）隴東近況；（二）毛慶祥請設行政效率督促處之條陳，以二小時閱畢，不知如何簽擬，蓋腦力實不濟，只得暫置之。四時卅分再睡，休養至六時起，乃覺精神稍佳，夜讀書十時卅分寢。

5月17日　星期五　陰　六十五度

七時四十分起。昨晚大雨、驟涼，晨起僅六十八度
（至晚間降至六十二度），病象依然如昨，不能速痊，真
以為苦。今日參事會談又不克出席。十時約唯果來談，託
其請假，並囑代向駟先、雪艇、楚傖諸君前致意。以諸君
皆曾詢余病，必有事與余接洽。午後患心跳症，且腦筋疲
滯錯亂，委員長手諭詢問關於禁止擾亂鹽產之命令，向四
組查得原案簽覆之。夜芷町來寓，處理四組文件十二件，
十一時卅分寢。

5月18日　星期六　晴　六十九度

七時五十分起。精神仍不佳，目視昏茫，腦筋疲
弱，且有心跳之疾，諸患迭作，知非短期內所能恢復矣。
閱趙蘭坪所擬之中國經濟建設要綱。正午官邸會餐，以病
未往。向午小睡一小時醒，食稀飯二小碗。午後閱私人函
札十餘緘，審閱教部所編三民主義問答（修正稿）。至五
時許，忽覺骨痛不可忍，呼熱水洗澡畢，文白來訪，勸余
移地療養。六時卅分有空襲警報，至二時始解除。即寢。

5月19日　星期日　陰晴　六十八度

九時卅分起。閱昨晚敵機係在成都附近投彈後竄
去，本市為警報所擾，然報紙仍於九時許出版也。閱報載
美國準備國防甚亟，其在太平洋方面姿態較強，然未必遽
參戰。而地中海風雲似愈亟矣。十一時唯果來談星期會談

及昨日黨務會談之情形，午飯後始去。一時休息至三時
起。處理公私函札卅餘件，迄五時卅分始畢。委員長手諭
詢病狀，囑赴郊外作短期休養。六時卅分發警報，深夜一
時始解除，即寢。

5 月 20 日　星期一　晴　七十八度

七時卅分起。八時有空襲警報，旋即解除。聞敵機
襲梁山，被我擊落二架云。今日遣竺副官等往郊外視察寓
所，並準備一切，擬二日後遷往小住。十時約宇高、兆
梅、孟純來談，以事略三冊付之，並告以編纂時注意之要
點。作覆函數緘後覺稍倦，乃小憩一小時以補足之。一時
午餐，餐畢閱報及參考消息。三時芷町來，處理四組文件
十七件。五時續辦文件。晚餐後七時又發警報，十時解
除。上委員長函呈一件。十一時寢。

5 月 21 日　星期二　晴　八十四度

八時卅分起。昨夜睡中多夢，今日天氣轉熱，殊覺
身心交疲。九時五十分聞有警報，敵機到梁山二次投彈，
蓋昨日來襲，實為我擊落七架也。覆立夫函，寄還三民主
義問答，又覆王東處長函，寄還團員須知（附審查意見四
點），核閱黨政訓練班八期開學訓詞。午餐後小睡僅四十
分鐘即醒。力子先生來談，擬二十九日動身赴俄。接郭大
使電，邱吉爾對我國表示極好。今日思將積件稍稍清理，
而精神散漫且苦熱，屢作屢輟，卒未有所為也。七時芷町

來，閱六組、四組文各十餘件。夜十時警報，二時解除。

5月22日　星期三　晴　八十四度

六時五十分為空襲警報聲所驚醒。盥洗畢，處理私
函二件，八時發緊急警報，敵機五十四架兩路襲渝，在郊
外機場投彈後十一時始去。今日氣候燠熱，然地下室內可
御夾衣，甚易傷風也。睡眠未足，但精神亢奮，不能入
睡。午餐後小憩約一小時而醒。今日本擬赴老鷹岩，然積
疊之件未能略事清理，遂決定延遲一天。午後閱雜誌一
冊，辦成都攜回二件。夜處理四組文件十件，芷町來長
談，十時卅分就寢。

5月23日　星期四　陰雨　七十二度

八時起氣候轉涼，精神漸復，胃腸之疾亦稍癒矣。
覆四弟電，囑其擺脫分校，設法西來，或赴黔任教，或來
渝服務均可。電由大哥轉去，蓋四弟受浙大竺校長之命，
主持龍泉分校，原非其志願，而近數月來分校困難日增，
本校不易解決，致師生均不相涼，前月竟發生極惡劣之學
潮。四弟雖憤懣，猶欲待校長核准始肯離浙，如此忠謹，
毋乃太過，故電促其決心辭去之。整理成都攜歸及最近辦
之各件，分致岳軍、騮先、雪艇、文白等各一函，告將赴
郊外休息。又簽覆中央設計局及黨政工作考核委員會組織
大綱之審查意見，並簽審核毛慶祥請設行政效率促進處之
意見，送芷町轉岳軍會簽呈覆。午餐後未休息，繼續清理

積件，致翁詠霓、羅志希各一函，覆希聖函、魏時珍函，
致杜月笙電，並致泉兒一函。四時自渝偕默出發，四時
五十分抵老鷹岩村舍，擬小住十日以息病軀。既入山中，
心境便覺安靜不少。閱劍南詩集一卷。七時晚餐，夜閒
談，九時卅分寢。

5月24日　星期五　雨　六十二度

八時卅分起。昨晚未服藥，雖屢醒而睡中至酣。山
中靜寂，自與城市不同矣。大雨竟日，氣候幾如深秋。閱
陸放翁入蜀記，自山陰至夔門，季夏出發，初冬始到，想
見昔時行旅之難。十二時卅分午餐畢，仍小憩至三時後始
醒。重慶人來，帶到任士剛一函，詢五和招新股事，決添
附七十股。讀考學菴筆記十卷，自午前十一時起，至晚九
時卅分閱畢。此書余在浙校時曾讀之，如溫舊書也。今日
意態暇逸，飲食亦有味，夜十時卅分就寢。

5月25日　星期六　雨　六十五度

七時卅分起。雨仍不止，取篋中所攜 Duff Cooper 著
泰列蘭傳記讀之。午前盡六十頁，此書文字俊爽流暢，蓋
近代英文散文之佳作也。三月中，滄波以此書假余，迄無
暇閱讀，來山中乃得讀之。十一時卅分往謁林主席於鄰
屋，談十五分鐘而歸，蓋亦於三日前以病遷來此間靜養
也。午食魚羹極鮮美。餐畢，小憩至二時卅分醒。四時雨
止，乃出外步行，繞舍後山腰小徑一週，出至大路口閒望

久之。夜仍讀泰列蘭傳，十時卅分就寢。

5月26日　星期日　陰　六十五度

八時卅分起。讀泰列蘭傳凡五十頁，此書以法國大革命時之社會為背景，而以泰列蘭之公私生活為中心，縱橫揮寫，材料多而不覺其紛亂，蓋傳記文學之上乘也。十一時聞敵機襲川，十二時午餐後，聞緊急緊報，二時許敵機過上空，聞附近炸彈聲甚清晰，三時五十分解除。平玖甥偕其婿祖銘來訪，同出至山間散步，觀山中房屋庭園及山前之辦公室，繞行一小時餘歸。文白自渝來訪，其意可感。夜讀泰傳及杜詩，十時就寢。

5月27日　星期一　陰晴　六十九度

八時五十分起。步行舍外一周歸，仍讀泰列蘭傳記，知重慶小龍坎化龍橋等處昨日被炸甚重，復旦中學房屋被毀，但學生無死傷云。靜中忽又牽掛家人，又念諸兒不曉事，頗為悵悵。十一時聞敵機百餘架分批襲川，俄即發緊急緊報，攜書就防空室內讀之，以餅餌佐開水充午餐。二時後又聞附近投彈聲，較昨日為大。三時五十分解除，詢知北碚及沙坪壩均被炸。時疲極，小睡至五時卅分起。散步一小時歸。晚餐後讀杜詩。十一時後就寢。

5月28日　星期二　晴　七十五度

八時起。續讀泰列蘭傳記至十時完卷（全書三百七十

餘頁），此一代怪傑，其私生活之浪漫，至為可驚。然目
光手腕高出時流。在維也納會議中之成就，卓絕千古。晚
年奉使英倫，八十老翁，浩氣不哀，古柏氏以生動之筆曲
寫出之，使讀者如見其人。十一時又聞敵機襲川，午餐後
聞緊急驚爆，三時十五分解除。遣陳清回重慶探消息，歸
來言：上清寺、牛角沱一帶被炸甚烈，死傷五百餘人云
云。傍晚散步一小時，平玖甥來晚餐後去。夜讀杜詩，
十一時寢。

5月29日　星期三　晴　八十二度

七時卅分起。閱廿七、廿八兩日報紙，知德軍攻擊
英國本部之企圖益銳，且聞比利時將放棄抵抗，則同盟軍
之處境益艱矣。讀常燕生所著生物史觀與唯物史觀一冊。
今日心緒不甚寧定，以昨睡不佳，且多夢也。十一時又聞
敵機三批侵入川境，午餐後聞緊急警報，在林主席室中晤
蔣雨岩先生及魏文官長，述昨日重慶被炸情形。楚傖寓所
被震，已移入余寓暫住矣。三時警報解除，偕默到山中步
行一小時。歸小憩。傍晚在散步半小時。

5月30日　星期四　晴　七十八度（午八十八度）

八時卅分起。與允默商暑期居住之處，及兒輩暑期
將歸，渝寓偪窄，宜另有安排，然迄不得妥善之解決，姑
先向石華寺續賃四室而已。今日心續不甚安適，遂不復讀
書。默亦小病，甚悒悒也。向午又聞有空襲警報。十一時

午餐，餐畢得報告，敵機入涪陵。往防空室內讀「軍事基本常識」及「軍訓基本動作之意義與效用」，複閱去年講詞四篇。二時警報解除，小睡四十分鐘起。整理舊報，傍晚偕默循公路散步，歸與鄧亞魂君談，夜理舊報，十時卅分寢。

5月31日　星期五　陰雨　六十六度

六時醒，覺四肢酸痛，上山後幾日日如此，再睡至八時卅分起。整理十二月份以後舊報，將關於歐戰演變之文件摘目於另紙，擬剪貼彙存之。十時亞魂秘書（林主席隨從秘書）介紹國府李醫官來視余疾，謂余貧血及神經衰弱已甚，非專恃藥物所能治療，最好能有三個月之休息。至於目昏手僵與骨節酸痛，則安眠藥之蓄積作用也。力勸余暫停服用安眠藥，宜服補血劑，使體重增加，則諸病自癒。談一小時餘而去。午後仍繼續整理舊報，至四月卅日止。傍晚出外散步一小時餘，歸晚餐。夜不作事，與允默閒談而已。九時五十分就寢。

6月1日　星期六　晴　七十五度

五時卅分醒，六時起床。盥洗畢，往舍外循公路步行，約卅分鐘歸。複閱積存之講稿五種，擬加以修改，然心思不能集中，而原紀錄又太草率，甚難著手，遂中輟焉。今日天氣轉熱，向午室內達八十二度，弱軀殊覺不耐。午餐後小睡，不及一小時即醒。骨痛神疲，口中乾苦，腸腹不舒，似有發熱現象。五時偕默外出，至花圃散步，足力軟弱異常。如此情形，非再休息一星期不可，乃決定展延歸渝之期。夜未作事，十時就寢。

6月2日　星期日　晴　八十五度、中午九十度

七時卅分起。閱去年摘存之外交文件及五中全會決議案，改講稿半篇。九時卅分學素、祖望與竺副官攜樂兒來山省余疾，談渝市近況與本室工作情形。知委員長近來異常注意於戰時經濟問題。祖望攜來私函九件，有希聖、溯中、力子、岳軍等來函及月笙艷電。覆唯果函，致芷町函，並寄泉兒一函，又函呈委員長告病狀，請准假至本月十日為止。學素等午餐後二時卅分別去。小睡一小時，傍晚循公路散步甚久。七時卅分晚餐，夜間談閱報，十時寢。

6月3日　星期一　晴　八十七度（中午九十一度）

七時卅分起。入山已十日矣，所患僅癒十之二、三。神疲口苦，胃腸呆滯，在近數日內更甚，尤不耐熱，

見強光即覺眩暈。最苦者心若懸旌，安放不下，且失卻節
制思慮之能力，牽掛百端，心煩不可名狀。今日仍擬修改
講稿，終不能著手，遂決心置之。自正午起，完全休息不
作事。傍晚出外散步兩次，至六時卅分歸。晚餐漸覺有
味，自是覺心神亦較寧定。為促進睡眠，今晚又服藥兩
丸，此為來山後第三次。十時即寢。

6月4日　星期二　陰　六十六度

七時十五分起。昨晚十一時入睡，仍於中夜醒三
次，藥力亦失效矣。然睡尚酣，而無夢，晨七時乃醒。天
氣轉陰，晨起僅六十二度，旋下微雨，至中午亦僅六十六
度，可御夾衣矣。今日余精神似有復原之象，心閒神曠，
且可用腦。自九時起，至晚間九時卅分，共修改講詞記錄
五篇：（一）訓練班第六期畢業訓詞；（二）南嶽黨政軍
聯席會議訓詞上下；（三）去年七月對青年團講話（亦分
上下兩篇）。僅修改至最後一篇時略覺疲滯而已。傍晚出
外步行兩次，約一小時餘。夜十時卅分寢。

6月5日　星期三　陰　六十八度

晨醒極早。不欲遽起，乃再睡至九時起床。已三日
不通大便，今日乃如常。天氣極涼，精神仍佳，僅初醒時
略覺心煩耳。念此來既為調養病軀，故今日不再用腦，取
篋中所攜后山詩讀之。自午前十時至下午五時，將全集
十二卷朗誦完畢。后山之詩，能令余百讀不厭，其七言古

詩及五言律詩，氣息深沉，余尤愛好之。自報端見委員長
六三告國民書，簡括明暢，想為芷町所起草也。芷町之文
字最擅批答公牘，有時作簡札，亦婉曲得體。長篇書告不
常作，近兩年來，以余多病，往往屬其代擬，然有時以期
限迫促，乃不免有詞意不馴之弊。如四川生產計劃委員會
之訓詞，即余所認為未安者。若茲篇，乃為佳構耳。傍晚
與允默至花圃散步，竹樹深蔚，果卉滿園，如再越一、二
年，則風景必更佳勝。惜無人為之好好整理也。由花圃
出，循山徑向北繞行一週而歸。閱大公報、中央日報，知
襄陽一度被佔，昨已克復。歐洲戰事將再擴大，義、土、
羅、匈均將參戰。大公報有「太平洋局勢大定」一文，為
美國通告禁輸而作也。夜修改講詞二首，十時就寢。

6月6日　星期四　陰晴　七十二度

　　七時四十分起。修改講稿二篇，又複閱昨日所改者
一篇。此皆去年六中全會時總裁講演，蕭速記於本年方整
理呈閱，嗣又奉交下修改者。擱置篋中，殆兩閱月以上
矣。憶五中全會之講稿，會畢一月即付刊，可知余今年精
神疲頓，工作遲滯之一斑也。十一時卅分聞空襲警報，至
下午三時始解除。聞敵機襲梁山、遂寧，投彈而去。欲小
眠乃不可得，繼續修改未完之講稿。傍晚散步一小時。夜
續改講稿二篇。十時卅分寢。

6月7日　星期五　陰　七十四度

八時起。上午改正黨員精神修養與心理改造一篇，為六中全會閉幕日歡宴之講詞。午餐後，續改國民守則之意義，亦六中全書時所講者。自此積疊未改之講詞乃均修改完畢。此次來山，凡改正全會講詞六篇，陸大開學（第十七期）訓詞、警官、軍需兩校訓詞及黨訓班第五期畢業訓詞各一篇。又對於青年團訓詞二篇、黨政訓練班六期畢業訓詞及南嶽黨政軍會議訓詞上下各一篇，共為十四篇。午後擬小睡，竟不能合眼。讀黃山谷詩註、任淵史容註。傍晚出外散步一小時，夜讀山谷詩，洗澡後就寢。

6月8日　星期六　陰　七十度

昨晚未熟睡，今晨醒極早，六時卅分起，將前日已整理之舊報擇要剪貼，分：（一）抗戰有關之內外文件；（二）軍事報告及參考資料；（三）歐戰文獻。自七時起至十二時卅分，大略剪完。午餐後再為分類，請允默助我同貼。以昨晚睡不佳，思補足之，乃屢睡而終不可得，神經太敏，至不能聞微細之聲息，卒未合眼。遂起作貼報之工作。傍晚散步四十分鐘，略有頭痛，心殊鬱鬱。夜繼續與默貼存報紙材料，十一時始寢。

6月9日　星期日　陰　七十度

七時五十分起。昨晚服藥兩丸，今日仍早醒。甚以余之神經病患之深也。重慶人來賫到委員長手書，囑余多

多休養至痊癒後始回，只要月內痊癒，何日銷假均可。如此體恤，令人感激無已。即覆一函。交來使帶去。並附致芷町、祖望、唯果等各一函。細兒索寄錢，即囑聖章匯五十元。向午略備酒肴，食雄黃燒酒，以今日為舊曆端午也。午餐畢，聞有敵機來襲，但未入渝市（嗣聞在梁山投彈）。四時小睡，至五時始起。與允默外出散步，再循後山山道西行，至廣場前下坡，參觀會議室而回。夜剪存內政及經濟材料，十時就寢。

6 月 10 日　星期一　陰　七十二度

七時卅分起。患腹瀉，腸腹不舒。八時有敵偵察機二架來窺伺白市驛，我機昇空迎戰，移時始逸去。盥洗畢，繼續貼存內政、經濟材料。十時卅分聞有警報，敵機四批分別自酆都、默江兩路來襲，以陰雲黯澹，久不得入市空。十二時許有一批竄入白市驛，被我機擊落一架。旋又有二批入渝市，在學田灣、兩路口等處投彈，並散荒謬傳單，三時始解除警報。小睡一小時又卅分鐘。睡起，覺精神頗爽。七時許外出散步卅分鐘歸。夜讀山谷詩，十時卅分就睡。

6 月 11 日　星期二　晴　七十八度

六時卅分起。今日腹瀉已稍癒，但懸念渝市情形不置。以電話線被毀，無法問訊也。繼續貼存報紙參考材料。十一時又聞有敵機四批先後襲川，午餐後發緊急警

報，在地下室內聞附近投彈聲甚清晰。三時解除，得祖望
來函，知昨日芷町、學素之家均被炸，高盧（立夫所居）
亦損毀，繫念之至。作函數緘，飭陳清回重慶探視，芷町
被災後心緒必煩亂，余本應提早回渝，然近日休養似略
有功效，亦不欲即回，且詢其意再定耳。夜八時陳清回
來，知芷町家人已安頓，但今日渝市被炸較烈云。十時
卅分就寢。

6月12日　星期三　晴　八十二度

九時起。今日氣候轉熱，天色晴朗而多白雲。閱五
月份舊報，對於歐戰事擬貫串而彙摘之。十時卅分又聞有
空襲警報，敵機約百餘架，從酆都進襲。十二時呂參軍長
自重慶來，談昨日空襲情形。下午二時五十分解除警報，
略食午餐，即就床小憩，四時卅分起。呂參軍長又來，知
本日江北及重慶均被投彈甚多，上清寺、兩路口等處毀屋
甚多，然死傷殊少云。五時卅分外出散步，一小時歸。閱
報知義大利於十日對英法宣戰矣。夜十一時寢。

6月13日　星期四　陰雨　六十四度

八時起。氣候轉涼，略有骨痛之疾。與允默談舊
事，默謂君之回憶錄自民國十一年至十六年者余已為約略
紀述，此後各年份均未完成，暇時曷不補述之，蓋諸兒均
欲知其詳也。遂賡續追記，上午紀錄民十七至民國十九年
份完。重慶有人來，作致岳、楚、雪、芷町等各函，囑公

弢喪母電，函望弟分寄之。下午小睡，至三時起。到山洞理髮，流覽郊外光景，四時卅分歸。續記回憶錄，至民國廿二年止。十時卅分寢。

6月14日　星期五　陰晴　七十度

八時十分起。九時卅分允默回渝寓，整理物件，余留山寓，未同行。續記回憶錄，民國二十三年止。十時卅分望弟及唯果來訪，談侍從室近日工作情形及同人被災狀況。處理私函七件，發致胡大使覆電。唯果並為余談委員長近日生活及接見外賓談話概略。午餐後核閱青年團二週年紀念團長告團員書稿，並閱唯果為中央日報撰社論稿。二時五十二分兩君別去，交祖望攜回講稿十四篇及簽呈一件。四時國府醫官李志伊君來，為余診疾。注射COMPOLON 一針。李君去後，小睡片刻，出外散步四十分鐘。晚餐後閱報，讀論文六篇，十一時就寢。

6月15日　星期六　晴　八十度

八時起。昨晚睡眠尚佳，未早醒也。作函數緘後，閱報知巴黎已於昨日為德軍所據矣。十時允默挈兩兒來山，攜來行李一部。擬日內去縉雲山，俟旦文姨氏到即同行。實之弟夫婦亦來此覓宅，蓋近日渝市均恐敵機將作更瘋狂之轟炸，故政府希望婦孺下鄉也。實之為談全會準備各事，至午別去。午後不思睡，與兩兒談話。傍晚與允默出外步行，約一小時，至花溪灣游覽。夜作致泉、皋、

細、憐各函，明晨飭陶永標下山。十一時就寢。

6月16日　星期日　晴　八十度

七時卅分起。整理五月份之報紙，剪存重要材料。九時卅分旦文姨氏從重慶來，擬暫留此間，再與默等擇日上山。十時卅分驪先來寓，視余疾，談別來月餘諸事，並述其對歐戰感想。知季陶近日精神又失常。芷町亦同時來山，慰視余疾，見其憔悴，知近來公私太勞苦矣。十一時卅分午餐畢，聞敵機四批自東北、西北方向兩路來襲，十二時卅分發緊急警報，三時卅分解除。與芷町談本處各事。發季鸞電，請代撰七七文字。又覆雪艇函，核呈教育部所編「三民主義問答」。五時卅分芷町去，臨行勸余多住若干日，意極可感。夜接委座手諭，指示編撰事略要點。十一時就寢。

6月17日　星期一　晴　八十七度（午九十度）

七時十五分起。聞昨日渝市空襲，大溪溝一帶，損害較重，電力一時不通。今日中央日報未如期出版，不知係何原因也。氣候漸熟，余體力仍未復原。李志伊醫官再來珍視，為余注射Compolon及鹿茸精。李謂鹿茸精於治癒神經紊亂頗有功效云。午餐後小睡，讀山谷詩。四時王書記純熙、陳書記仲佳來訪，二人均移眷屬暫寓於此。宇高諸君請疏散，覆函慰之，囑仍留渝。五時卅分又聞有敵機進襲，六時晚餐，八時警報解除，知廣陽壩被炸。洗澡

後十一時寢。

6月18日　星期二　陰晴　八十四度

八時卅分起。整理六月份上半月之報紙材料。十時胡次威、郭有守、鍾則讓（大足區專員）三君由渝來訪，談彼等此次出巡南充、達縣、江巴各區視察之感想及新縣制實施之意見。茲分別摘記其要點如下。據次威言，出巡各縣有五點好現象：即（一）插秧已普遍（約達百分之八十以上），秋收不致有問題；（二）禁煙成績亦佳，戒絕者確在百分之七十以上；（三）剿匪亦有進展；（四）各縣生產量均增加，每縣達千萬或二千萬者甚多；（五）各縣金融流暢，鄉村資金亦充，故農貸已不需有鉅款。但有五點不好的現象：（一）下級人員不安于位，雇員級人員缺乏；（二）徵兵辦理不良，各處都有強拉之現象，逃亡者甚多；（三）幣制紊亂，輔幣缺乏；（四）購置軍糧定價與市價相較約低三分之一，人民有高價購入，以應縣府之需求者；（五）共黨活動甚烈，云云。又談樂山區及達縣區專員兼營商業之應糾正。郭君談普及教育計劃，鍾君談整理縣財政後新縣制經費決可支應。三君談至午後二時始別去，即循成渝路赴成都矣。談話四小時，頗感疲憊。小睡亦不能入眠，僅合眼卅分鐘而已。起而剪貼報紙，允默助余工作。至晚餐後，八時將五、六兩月剪貼完畢。閱報法內閣改組，貝當任新閣總理，已向德國表示停戰，詢希特勒之和平條件云。此舉殊發生太驟，不知英國

何以應付也。十一時就寢。

6月19日　星期三　陰　七十度

七時卅分起。李志伊先生仍來為余注射針藥。十時，文白來訪，談鄂西戰局及軍事部署，並謂敵人屢作宣傳，有攫取安南之態勢。法國貝當內閣宣稱，不接受屈辱的和平，不得已時將遷英國，繼續作戰，有已將海空軍交英國之說云。談至十二時去。午後小睡，頭痛又作。今日頗覺神思沉悶，忽忽不樂。四時望弟送來公私函札數件，即覆函交來使攜去。傍晚散步一小時。夜天氣潮鬱，十時就寢。

6月20日　星期四　陰　六十八度

七時五十分起。昨晚睡眠甚不佳，晨起頗覺精神散漫，陳清亦患疲倦發熱，殆連日氣候陰濕，或飲水成分不適宜之故也。上午十時後繼續紀述回憶錄，至民國二十四年為止。午餐後就床小憩，輾轉仍不能入睡，僅合眼卅分鐘，亦不解何以神思紛亂至此。三時後繼續紀回憶錄，五時攜樂兒出外散步。六時歸，注射鹿茸精，閱報讀總裁講演詞，為之感奮。夜續記回憶錄，至民國二十六年止。十一時十分就寢。

6月21日　星期五　陰晴、上午小雨　八十二度

八時起。昨晚服Ipral 兩丸，為上山後服安眠藥之第

六次。就枕後仍遲遲始入睡。但晨醒較遲，睡中亦酣適，
起坐窗前，覺精神較昨日為佳矣。陶永標自北陪來，言北
碚及縉雲山狀況甚悉。今日李醫官仍來山，為余注射，謂
血色已略見增進矣。繼續記述回憶錄，自上午十時起至下
午五時止（中間午睡一小時），記完二十七、二十八兩
年，約八千言。傍晚散步十分鐘。夜攜樂兒步月。十一
時寢。

6 月 22 日　星期六　晴　八十二度

七時三刻起。補記回憶錄，民國十一年迄民國十七
年。自上午開始，至下午三時始完成。約六千言，凡在商
報時及脫離商報後服務黨政之經過均追記其概。十六、
十七兩年事甚複雜，已不及全憶矣。雪艇前年在漢會為余
言，君應將所經歷事紀錄其概，備將來史料，然余連年均
未注意及此，今之所記，亦只述個人行止而已。然五十歲
以前之事略，則粗具其概，惜時間匆促，不及詳為校正
耳。今日午後未作午睡，五時後外出散步卅分鐘。閱報知
法德停戰談判在進行；美總統約共和黨人入閣；日本在越
南已發動。時局日緊。夜於平遠君來談戰局。十時就寢。

6 月 23 日　星期日　晴　八十四度（正午九十度）

八時十分起。昨夜睡較佳，但清晨五時許即醒，近
來常早醒，想係年齡關係也。十時李醫官再來為余注射，
迄今日止已注射COMPOLON 十C.C.。李君謂至少再注

射五針，乃有功效。十一時祖望、子猷自重慶來，攜來公私函札十件，分別閱覆之。並閱郭、顧、胡諸大使來電十八件。祖望等午飯後去。傅煥光君來訪，談考察陝、豫、川、黔諸省林業經過，勸余以宗教觀治心，謂如此可以卻病。閱報載：日本對越南已發動，九龍形勢亦緊。傍晚散步卅分鐘。夜十一時寢。

6月24日　星期一　晴　九十二度（正午九十五度）

六時卅分起。剪貼上週報紙，閱論文多篇，並將參事室所擬之七七書告閱讀一過。此文已由雪艇逕呈委座核閱矣。今日天氣悶熱晴燥，天空無片雲。十二時聞空襲警報，敵機分六批由鄂邊南北兩路分入川境。聞在酆都、江津、江北等處投彈，渝市亦落彈多枚，且有爆炸彈落太平門、十八梯等處，四時始解除。雖覺疲倦而不能入睡，以往地下室至四小時以上，太覺陰潮，乃在山間步行二十分鐘，至汗出乃回。明日為五月二十日，四弟四十生辰，命兩兒去函祝賀。閱報知德法休戰協定二十二已簽字矣。夜閒談，十時卅分寢。

6月25日　星期二　晴　九十四度

七時起，昨晚因服藥兩片，睡眠稍深，晨起精神頗佳。祖望派人攜來函件四十七件，皆親友通問，或通知開會及寄示條陳論著等之函札，以一小時餘之時間閱畢之。李志伊先生第六次來為余打針，以食物兩種酬謝之。李君

清道人之子也，談吐俊雅，性情溫厚。十一時又聞空襲警
報，提早午餐。三時呂參軍長自渝來，攜來報紙，知我機
昨飛宜昌炸敵。四時後警報解除。傍晚散步四十餘分鐘，
天氣愈悶熱不可忍。十時即寢。

6月26日　星期三　晴　九十二度

七時起。昨晚睡眠尚佳，晨起精神亦爽，作家書數
緘，分致大哥、四弟、六弟、八弟，擬明日攜至重慶寄發
之。大哥處蓋已三月不去函矣。十一時又聞有敵機四批襲
川，旋即發空襲警報，在地下室聞投彈聲甚清晰，直至六
時卅分始解除。正午天熱甚覺疲倦，就榻小憩，汗出如
潘。允默等擬明日上縉雲山石華寺，以長途電話致盧區
長，託其照料。傍晚散步四十分鐘。修改覆美國學生聯合
會書。夜稍涼，十時就寢。

6月27日　星期四　晴　九十四度

五時起。允默等以五時卅分動身，赴北碚轉縉雲
山，送之登車，不勝惘惘之感。既返寓，思再睡，竟不能
合眼。略有心跳，幸即痊癒。偶早起一天，即有如此現
象，可見身體之衰也。十時卅分聞空襲警報，一時解除。
向林主席告別，擬今日下山矣。靜養卅五天，不能謂無功
效，中樞事繁，不能不銷假耳。整理物件畢，巡行舍後一
週，望山色蒼翠，不勝依戀。五時十五分起行，六時抵重
慶。七時唯果來談。晚餐後往訪文白、岳軍、季陶皆未

遇。夜閱季鸞寄來文稿，接唯座諭示三件，蔣夫人函一件。熱甚，十一時卅分始寢。

6月28日　星期五　晴　九十七度

六時起。發大哥、四弟、六、八弟各函，並致允默函，覆季鸞一電，又閱文件數種。擬謁委員長，知已赴某地訓話矣。九時卅分到中央秘書處，晤吳、于、孫、王及鐵城先生，十時到軍委會，謁委座報告銷假。十時二十分約提案委會各委員會談，約卅分鐘畢。隨委座赴對岸，面陳數事，並談七七書告及全書講演之內容。蔣夫人與余談國際形勢，兼示以邱吉爾六月二十日演說全文之原稿，即在對岸午餐。餐畢，與國華談後，渡江歸。今日敵機又來渝市狂炸，房屋頗有毀損者。訪楚傖及文白，到四組一轉後歸寓。夜苓西兄來談。今日酷熱，正午室外當在一百度左右，余之居室偏窄，頗苦悶熱，燈下不能作事。十一時寢。

6月29日　星期六　晴　一百度（正午一百零三）

六時起。閱告黨員通電及蔣夫人之書告。今日天時酷熱，室內有如蒸爐，真不可忍。十時唯果偕樓邦彥君來談。樓君為倫敦大學畢業，習行政，擬約之入第五組裏助。頸項僵痛，似有傴麻窒斯症象，延胡醫診視。十時四十分有警報，敵機來襲菜園壩等，下午二時後始解除警報。修改蔣夫人七七紀念詞，傍晚更熱悶，閱呈告友邦書

稿。夜與實之弟略談後，修改七七紀念告黨員之訓電，汗出如沸，進行殊緩慢，直至十二時後始就寢。

6月30日　星期日　上午雨、下午晴　九十四度

六時起。將昨日改就之文稿複閱後送呈，並致雪艇、芃生各一函，又發寄允默一函，以渝寓煩囂悶熱，不能工作，乃於七時卅分赴老鷹岩。途中雷電交作，暴雨如狂，抵山寓後頓覺清涼如洗。以倦甚，就床小憩。起閱文件，下午一時再睡，至三時始起。今日有敵機三十六架到巴東後，因雨折回，未為所擾。傍晚外出散步。七時卅分晚餐畢，修改告全國軍民書。原稿散漫，且須補充一段，故修改之時異常費力，直至一時卅分始克完成。洗澡後就寢。

7月1日　星期一　雨　八十四度

六時起。七時到國府參加七中全會開幕典禮，總裁主席，並致詞，說明現時世界形勢與吾國之責任，歷四十分鐘而畢。八時接開預備會，推定主席團，九時散會。與子壯談考試院事，歸寓後積祚來談。午雪村來訪，知亦寓石華寺也。下午準備文字，四時往謁委員長面呈告軍民書稿，在彼晤芃生，蓋受命起草告日民書也。六時到嘉陵賓館，參加招待全體出席人員之宴會。八時歸，修改告全國青年書。一時卅分寢。

7月2日　星期二　陰　九十二度

六時起。今日雨止天陰，稍見悶熱，然昨日大雨，於秋收農作已稍獲沾潤矣。上午第一次會議，居、朱、孔三人報告，余未出席，在寓修改告全國軍民書。蓋委員長欲將內容順序再加斟酌而移易之，並於軍事一段有所補正。下午二時卅分修改完畢。交子猷核對後轉呈。今日右臂覺疼痛，下午六時第二次會議，王、何作外交、軍事報告。接季鸞電及函，八時卅分謁委員長，商宣言。回寓洗澡，十一時寢。

7月3日　星期三　晴、夜雷雨　九十四度

六時起。今日上午無會議，準備大會發表文件之參考材料。奉命將告青年書再加修改。十時季陶在中央黨部約往談話，晤楚傖，共商會議日期及宣言要點。十一時卅

分聞有空襲警報，與季陶同歸美專街寓。旋知敵機在巫山投彈後東飛矣。午餐後一時卅分季陶別去。四時往謁委員長，商承宣言要點，談十五分鐘出。至漁村訪王芃生君，催詢告日民書稿。六時第三次會議，七時歸晚餐。夜悶熱，修改文件，至十二時寢。

7月4日　星期四　晴　九十四度

六時起。修改告全國軍民書畢（第三次修改），將告青年書稿交自誠一併送去。旋接芃生送來告日民書稿，已一萬言，尚有四分三未完也。閱讀一過，覺太雜太露，簽具意見，專足送呈委座核閱。十一時發空襲警報，季陶仍來余寓，提早午餐畢，一時後入防空室，三時卅分解除。四時出席宣言起草委員會，到哲生、君佩、寒操、公展、楚傖等七人。季陶主席，商定要點後，仍囑余執筆。雖固辭而不獲也。六時卅分歸，晚餐後以楚傖呈件（關於憲法者）繕呈，並起草對美國廣播稿。十二時卅分寢。

7月5日　星期五　晴　九十八度

五時四十分起。近日睡眠真不足矣。手頭有數種稿件須待修改完成，切時間甚迫切，愈思急趕，感覺心煩。卒將告全國軍民書及告青年書先行校定，前者送中央社（下午五時送去），後者送青年團，囑自誠送去。於是始集中心思考慮宣言。正午總裁請粵籍中委，已發警報，僅到四人，遂中止焉。仍約季陶來我寓之防空洞，唯果亦來

談，三時許始解除。將宣言之組織次序打定初稿，接季鸞
來函，詳閱呈之。夜起宣言初稿，未完。十二時寢，大雷
雨為從來所未有。

7月6日　星期六　陰晴　九十度

六時起。上午將宣言初稿在地下室完成，即交繕
寫，送戴委員審閱之。中午到官邸陪客，到鹿瑞伯、薛子
良、王秉鈞、李嗣璁等二十三委員，在官邸會餐，並商承
總裁面示修改告日本民眾書之要點。餐畢二時餘回寓，竟
不能睡。今日覆季鸞書一緘，乃商承發出者。閱告日本民
眾書，以兩稿湊合而成，頭緒異常紛繁，凝思有頃，終不
得修改之法，最後總裁又索去，擬自斟酌之。六時到大
會，與季陶斟酌宣言。夜季陶即來余寓，對讀而修改之。
熱甚，至十一時卅分就寢。

7月7日　星期日　晴　九十八度

六時起。因須修改稿件，未及出席抗戰二週年紀念
禮也。八時卅分委員長約往，談對於告日本民眾書稿之
修改意見。今日天氣雖晴，而敵機未來擾，然仍至十一
時後始能心思集中也。午後接希聖來函，並改定前日所
撰之對美國民眾書廣播詞，屢接委員長電話多次，至晚
餐後始著手將告日本民眾書稿全文一起閱讀，貫串其不
連接處，寫至一半稍輟。細兒及九妹自校來，與之略談
而已。九時繼續工作，求速不求好，十二時完畢交稿，

乃洗澡、服藥就寢。

7月8日　星期一　晴　一百度

八時起。昨晚睡雖遲而睡眠尚暢，至八時始起。委員長再約往談復季鸞書內容，即寫成並取銷前函而發出之。十時到中央黨部，出席宣言起草委員會，未成會，與楚傖等談，並閱中共七七通電，已而發警報，遂與季陶同來余寓。因主席同意，在宣言內須再加一段，在洞中足成之。並交子猷等速繕。四時警報解除。知范莊附近被炸甚烈。四時卅分午餐。六時赴中央黨部，即至國府出席第六次會議。先在主席團商酌宣言，及提付大會討論後，果議論紛紜，莫衷一是。總裁決定再交起草委員，遂散會，歸已九時餘。不赴公宴，夜熱甚，未作事。與細兒等略談畢，即寢。

7月9日　星期二　晴　九十八度

七時起。致芃生一函，將告日民書稿送去，請其翻譯。又致同茲、楚傖各一函，八時三分在洞內完成宣言之修改稿，以五十分鐘時間成之。亦只求迅速之意也。既成，即交省吾、子猷及熊湘複寫，凡二千字，約四十分寫畢。文白來談，以委員長之約，於九時四十分動身赴對岸，事先以車逕楚傖，竟未及到。至官邸後，已發緊急警報，在地下室與蔣夫人談話。十二時委座將宣言核閱完畢。午餐後待談又一小時，討論美總統秘書談話，口授要

旨，命回渝研究。三時歸，即往訪楚傖，以宣言定稿交
彼。六時楚傖來訪，謂開會消息今日不及發表矣。夜熱
甚，芷町來談，至十一時始去。有陣雨，十二時寢。

7月10日　星期三　晴　九十九度

七時四十五分起。接山中電話，邀孫、孔、戴、
朱、張、王等同往談話，與雪艇約定同行。因全會閉會詞
須整理，調集參考消息閱讀之。九時自誠、同茲先後來
談。九時十五分偕雪艇同渡江，已將發警報矣。過江遇岳
軍，相約同車，凡四十分鐘而達官邸。今日聞敵機炸三
台、遂寧等地，余等不待解除，十二時即上山。至會客室
討論外交形勢。一時亮疇、叔謨來，餐畢，更詳談卅分
鐘。決定以事實行動加強利用德國防部、經濟部友人對我
之好意，以孤敵勢。至少促成其派遣大使。二時辭委座
與岳、雪同歸。酷熱更不可忍，夜重寫全會閉幕詞，凡
三千六百言。對六月廿九有田所言與七月六日美國歐利秘
書所言有詳盡之駁斥。直至二時三刻始畢。三時就寢。

7月11日　星期四　晴　九十九度

七時起。今日天氣仍酷熱，不能作事。全會閉幕詞
繕畢校正後，著何軍官即送黃山。作私函數緘後，頗覺疲
倦，就床小睡，未熟。為九妹、細兒等講家庭歷史，並勗
以做人之理，詳舉例證，說明人生所受遺傳之影響，而我
家祖父以來之優點，必須由後代保持光大之。午後滄波來

談甚久。旋張劍鋒請見，請給假一月歸湘，並借支薪金三個月，而呈內未書明職務由何人代理（面詢之含糊以對）。夜慧峰、天放先後來談。旋芷町來談，並核定呈電等稿六件，十二時就寢。

7月12日　星期五　晴　一百度

七時起。酷熱已不可忍，晨起亦九十五度矣。接官邸電話，約往午餐。十時偕文白同渡江，十一時到達。委員長將全會閉幕詞親自閱定，並詳詢近日外交方面情形。午餐後續談一小時，諭余及文白辦發軍政要電多件。蔣夫人贈余近著一冊。二時卅分由南岸歸寓，熱更甚。五時往訪王亮疇部長，談德國要求各國撤退對挪比荷盧四國公使事。六時曾虛白君來談，以全會閉幕詞交彼發表。夜未作事，為陳清事又大不悅。十二時寢。

7月13日　星期六　晴　一百零一度

昨晚冷熱不慎，臨睡時患劇烈之傷風，咳嗽不止，而痰不多。胡醫官謂係慢性氣管枝炎，囑靜養不作事，並投藥劑三服而去。昨、今兩日各注射Hombreal 一針，此藥荷蘭產，十一日芷町為余購來者。午後小睡三時卅分，偕驥先陪同贛、粵、桂、閩、黔、滬、渝各省市黨部負責人過江，應總裁茶會之約。五時到達官邸，各同志均有詳盡報告，而陳訪先君為尤精詳。七時談話始畢，渡江歸寓，已八時卅分矣。芷町再來談。夜與七弟

談。十二時寢。

7月14日　星期日　晴　九十八度

六時起。覆王芃生君一函。七時偕七弟、九妹及細兒等由渝寓動身往老鷹岩，中途車胎損壞，修理半小時。過山洞時，七弟等往茶店早餐，余至大光明理髮，蓋已一月不櫛沐矣。九時卅分到老鷹岩新寓（即小住宅第二幢），諸人為我相助布置，然正午時陽光直射入室，仍極熱也。今日過山舍生活，覺甚有味。五時七弟等去、六時岳軍夫婦來遊，邀至余寓坐談一小時而去。夜洗澡後，九時卅分寢。

7月15日　星期一　晴　九十七度

五時起。咳嗽稍止，起坐窗前，補記四日來之日記畢，則紅日自東山昇起，氣候又轉炎燠矣。作家書一緘，未及發。重校告日本民眾書，照委員長意，插入一段，親自謄正之。十一時午餐畢，小睡至酣適。一時許下山入渝市，往訪芃生未晤，以稿件交陳適生君，遂歸寓。與九妹、細兒談，三時沈玨來訪。四時到十七號出席教育專門委員會，審查教部組織法，到羅、顧、潘各委員，五時卅分散會。與黃少谷君略談回寓晚餐。餐畢，李孤帆君來訪。七時自渝寓動身，仍至老鷹岩宿焉。補閱外交電，約六十件。唯果伉儷來談，十一時卅分始去。十二時寢。

7月16日　星期二　晴、下午雷雨　九十八度

六時起。昨夜悶熱，睡眠殊未足。晨起後覺頭暈，不能作事，讀舊書自遣。已而熟睡，至十一時十五分起。午餐聞敵機兩批襲渝，隱隱聞機聲甚多，蓋近郊空戰也。三時許解除，以電話詢重慶，則線路被毀矣。六時重慶專人來促往南岸有事商談，乃即下山，至寓一轉，旋至國際宣傳處，詢本日英國對緬甸問題之消息。七時渡江，以待車，留江岸甚久。八時十五分至官邸，則亮疇、雪艇、顯光已商談畢事矣。進謁委員長，交閱談話稿，並命擬發兩電，余以路透消息報告之。時遲遂留宿，十一時寢。

7月17日　星期三　陰　八十六度

六時起。擬電稿二件（致胡大使及宋）。七時十五分渡江，與委員長同返渝市，順至軍委會視察房屋被震情形。八時到官邸，承命再擬覆電一則，致宋子文，即擬就交古秘書呈核。十時往訪岳軍，聞有求精公寓，昨亦被震也。晤淬廉、作孚，略談即出。十一時返寓，招邵毓麟秘書來，修改告日本民眾書之日文稿，即送國際宣傳處，設法印發。其時忽覺發熱，甚不適，遂未午餐。午後小睡，招胡醫來視，測熱並不高，遂起。李幼椿君來談，旋唯果來談。六時卅分川康農工學院舉行第一次校董會於嘉陵賓館，九時卅分會畢歸，十一時寢。

7月18日　星期四　陰　八十二度

六時卅分起。今日國防最高會議因事請假未出席。教育案託君武代為說明之。在寓整理物件，乃覺心思不能寧定，時復思睡，然亦不能入睡也。九時委員長約往談，命擬致胡、宋長電一則，致邵大使電二則。退至四組辦公室擬就，呈請核定，即拍發之。十一時四十分再往謁，略談即歸。下午小睡一小時起，整理舊信件，分別存毀之。六時偕文白至李家花園，憑欄閒眺，雜談近事，至一時後始歸。唯果來談甚久。十一時卅分寢。

7月19日　星期五　陰　八十二度

七時卅分起。今日似覺體中有微熱，骨節略有酸痛，然尚能支持。亮疇部長來訪，談分批召集外交人員事，謂擬先令顧使返國述職。午餐後小睡，微熱殊未癒，作函數緘，分寄昆明皓兒、憐兒、祖澩、皋兒說明昨寄款項事。又函秋陽，託代付趙令儀款，戴所託也。又處理私人函札廿一件。傍晚歐陽愈眾（字旭德）先生來，夜為余診疾，詳告自療之方法。芷町來談。十一時分寢。

7月20日　星期六　陰、夜雨　七十九度

八時起。九時雪艇來談。十時偕雪艇、岳軍、哲生、敬之、健生、亮疇、叔謨、文白等同乘輪渡江，赴對岸應委員長約見。敘談國際形勢及我外交上急應努力之各點，至午餐後二時卅分始畢。諸君先行，余與岳軍再留

十五分鐘，談設計局事。三時卅分渡江返渝，發張似旭唁
電。託中宣部轉發之。晚餐畢，康兆民君來談。九時五十
分到張主任家舉行侍從室會報，十二時始畢。一時就寢。

7月21日　星期日　陰晴　八十三度

八時卅分起。接力子先生皓日覆電，即送文白兄託
其轉呈。蓋文白及何總長等今日赴對岸，商軍事也。耳際
自昨日在江渡中震盪作響後，今日仍未癒，且精神亦不
佳，遂未作事，僅閱情報十八件而已。午後小睡一小時，
李孤帆君來訪，未晤談。與顯光通電話，商印發告日本民
眾書事，午後皋兒自南岸來，知已辭去江蘇醫學院職務，
為其同學二人與院長齟齬之故也。傍晚芷町來，核閱四組
公文八件。夜接力子先生二十日來電，抄送文白兄。十一
時卅分就寢。

7月22日　星期一　陰晴　八十二度

六時卅分起。到軍委會參加擴大紀念週。總裁出
席，致訓約五十分鐘始畢。大意謂：困難試驗之重大日期
即將到來，應振作精神，使工作迅速切實，並當一切行動
化。會畢後，謁見總裁，以力子電呈閱，並與岳軍、自明
兩君商談設計總局之規程及組織。至十時卅分始歸。十二
時有空襲警報，實之、荻浪兩君來談。三時卅分解除。閱
情報表二十餘件。傍晚騮先來談外交。夜盧作孚來談糧食
問題。芷町來接洽公文，談至十一時去。

7月23日　星期二　陰晴　七十九度

六時起。七時出席教育財政專門委員會聯席審查會，到兩會委員十一人，審查教育部所設農工商醫一年期訓練班事，一致通過。八時歸寓，朱玖瑩專員來談，意在出任湘、鄂等省民政，而不願赴川、陝云。十時汪荻浪偕夏晉熊來訪。旋公展來談中宣部各事及百川擬辭國民日報事，至午而去。今日余忽覺體中又有微熱，畏風而頭痛，甚不舒。午後遂未作事。發出力子、子文各一電。夜滄波來談一小時。十時客去，即寢。

7月24日　星期三　陰雨　七十九度

九時卅分起。今晨軍委會開會，商西康考察團事。余以事未出席。十時卅分往訪鐵城先生於其寓，談四十分鐘而歸。晤章淵若君，未詳談也。為青年團夏令營事，以電話請示委員長，奉諭本屆可停辦，即函告焉。王子弦秘書來接洽常會提案事。唯果來午餐談近事。午後一時聞敵機襲成都，此間發空襲警報，不久即解除。午後約希曾、仁霖來商金佛山寓處事，委員長欲約諸中委往彼避暑也。佩箴先生來詳談發行事甚久。今日敵人廣播，造謠謂余炸斃。文白來函，以一詩貽我，閱之粲然。夜發四弟、大哥各一電。十一時寢。

7月25日　星期四　陰雨　七十七度

七時卅分起。閱情報二十五件，又處理六組文件

十一件。囑希曾到中央常會與丁、張、于諸先生接洽往游金佛山各事。十一時接岳軍先生電話，告今日常會情形，知設計總局及考核委員會案有人發生疑議，竟未通過。甚矣。事前不接洽之足以延誤也。午餐後閱張其昀著「顧景范之國防論」及「新中國之誕生」小冊。皓兒今日自昆明歸，遣陳清過江相接，七時始到。三年不見，覺其身體尚結實，可喜。夜子英來長談。十一時寢。

7 月 26 日　星期五　雨、下午晴　七十七度

六時卅分起。七時卅分出席本室研究大會，由唐參謀保黃講歐洲戰局之前瞻；邵秘書毓麟講敵閣更迭之觀察，約達兩小時，九時廿五分散會。即至辦公室，乃建組長來談組務，並詢外交近事。十時參加星期會談，到二十六人，十二時午餐後散會。歸寓小睡後，公展來談。旋滄波來談。傍晚閱情報十八件。晚餐後核閱四組文件十四件。芷町來談近週來外間所聞對於政治經濟之批評，約一小時餘而去。十一時卅分寢。

7 月 27 日　星期六　陰　七十九度

六時五十分起。八時卅分到官邸，招待陳嘉庚、侯西反諸君。王泉笙君亦來官邸擔任翻譯。九時委員長自對岸歸，報告外電數則。九時十分委員長接見陳嘉庚，詳告國內情形及三民主義革命必成之理，以破陳君之迷惑。其最緊要之語為「無十六年之清黨，則十七年北伐未必完

成」。談一小時餘，陳、侯始別去。接續舉行黨務會談，到十七人。今日起，徐恩曾、戴笠、何浩若諸君均列席。至十二時後始散會。午後閱雜誌數種。驪先來談。核閱中政校新聞專修班訓詞一件。閱六組、四組文件各十餘件。夜與望弟談家事。十一時就寢。

7月28日　星期日　陰晴　八十度

六時卅分起。接胡適之、郭復初、邵先生各電。九時得電話，委員長約至對岸午餐。九時卅分偕蕭自誠同渡江，至對岸，適遇文白、俊如兩君，遂與同車到官邸。十一時謁委員長。今日宴陳嘉庚，邀何、白、吳、朱及王泉笙作陪，談西北及豫、鄂諸省情況。十二時有空襲警報，敵機炸萬縣及南川。一時四十分解除。送諸君渡江後，小睡至四時卅分，與季鸞同謁委員長，研究敵閣動向，退與季鸞談四十分鐘。七時五十分渡江歸，往訪亮疇部長，決定覆邱吉爾電稿。夜無事，讀書自遣。十一時卅分寢。

7月29日　星期一　陰雨　八十四度

六時十五分。盥洗畢，即往國府參加擴大紀念週。總裁主席，並訓話一小時。對於公務員之生活救濟及辦事方法應改進各點有詳切指示。八時十五分禮成。九時到官邸晉謁，報告數事。九時卅分出，聞枕琴先生病劇，往歌樂山中央醫院訪問，至則已昏迷不省人事，僅能頷首而

已。不忍久留，遂與顯光同歸。十二時往機場送行，陳嘉
庚定今日飛昆明，旋即折返。午後三時偕王、孫、袁謁委
員長。四時返寓，商編纂事略諸事。今日皋兒自南岸歸。
夜閱公事，十一時寢。

7 月 30 日　星期二　晴　八十六度

七時起。閱情報二十八件，閱枕琴先生於今晨丑初
逝世。如此善人，竟以中壽謝世，曷勝悼惜。委員長以電
話命撰輓聯，並準備祭文，即交張秘書劍鋒屬撰。旋又命
代何總長擬請國府襃揚之呈文稿，則余自撰之。追念清
德，寫罷不禁泫然。芷町謂余文中「貞信普洽於將士，勞
瘁靡間於晨昏」二語對於枕公洵非溢美之詞也。約孟海來
談，並以電話與童次布君接洽，囑撰擬枕公事略，交中央
社發表。碌碌半日，至晚餐後始畢事。十一時卅分寢。

7 月 31 日　星期三　晴　九十度

六時起。盥洗畢，偕孟海同赴歌樂山半正農場，弔
周枕琴先生。向靈前致禮，不覺黯然流涕。如此完人，今
不可作矣。與空如、經略、樵峯、作人、仲歧諸君談，詢
善後諸事。略坐即出。至中途，離山洞不遠處遇何總長及
文白，告余以錢慕霖君在車中突患狹心症昏迷暈倒，脈搏
已停，招醫生打強心針二枚，十餘分鐘後竟無效果。金誦
盤來視，謂不可救矣。軍運人才又弱一個，其可悼為何如
耶。八時卅分與孟海同歸寓，為何總長擬呈請襃揚枕公之

呈文稿。十一時徐子青協理來訪，甫從香港歸。以電話請
示委員長，約明日往見。十二時有空襲警報，敵海軍機於
下午一時餘竄入渝市空投彈，被我擊落三架。四時解除警
報。五時張彭春公使來談，定下星期三赴土耳其。函機要
室發密電本二冊。七時教育專門委員會賴文彪君來談，報
告張九如赴香港，秘書職務託其暫代。夜為委員長改定祭
枕琴先生文，囑芷町寫輓聯。又電唁滬法院錢鴻業庭長。
閱六組情報二十件。十一時卅分寢。

8月1日 星期四 陰晴 八十三度

　　清晨四時卅分大雷雨，為之驚醒，七時起床，則雨已止矣。今日國民月會未參加。八時出席國防會議常會，孫院長主席，議決例案二十餘件，九時五十分散會。歸寓後徐子青兄再來談。十一時唯果來談。午餐後核閱六組報告十餘件。郭兆麟君來談，攜陳嘉庚先生贈余之照片，並為陳君向我致意。郭似甚熱誠，肯為本黨努力。謝作民君來談，擬請求工作，意在赴粵省。七時季鸞來談，多思深慮遠之言。晚餐後山西邱仰濬（瀹川）君來談，約一小時。閱四組文件十二件。十一時卅分寢。

8月2日 星期五 晴 八十九度

　　七時起。閱王宇高所編委員長事略。至十時卅分接電話往對岸，以渡輪載車而過，延待於江岸者甚久，至十二時始達官邸。未幾發緊急警報，至鄰近山舍內休憩。與委員長及蔣夫人談話二小時餘。委員長口授要旨，命準備八一三告民眾書。夫人示余以最近著作兩篇，其文學天才殊可驚佩。譯史記虞卿列傳，簡勁有力，可當英文名著讀也。四時渡江歸，遇潘宜之君，邀與同載。至柴家巷訪季鸞，適芄生、芸生均在，談日新閣聲明，良久而返。發馬君武唁電。謝仁釗君來談。十一時寢。

8月3日 星期六 晴 九十二度

　　昨晚入睡甚遲，今晨殊疲倦，至八時始起。檢呈

二十七年十一、二月近衛聲明全文，備委員長參考。九時
到官邸，舉行會談，到十四人，討論海外黨務之整飭並研
究敵政府發表之所謂基本國策。十一時散會，向委員長報
告最近所接文件多件。歸寓午餐畢，即聞警報，今日敵機
襲銅、梁等處，三時解除警報後，就床小憩。天氣轉熱。
五時赴第三組客室，舉行侍從室會報，討論汽車節約問
題。七時散會，與唯果同至文白家晚餐。九時歸。核四組
公事，十二時寢。

8月4日　星期日　晴　九十度

八時起。閱事略半卷，情報十件。承委座命搜集近
衛內閣八一宣布政綱之日文原件，囑邵秘書毓麟檢譯，於
下午送到校閱後，呈送核閱。午刻翁部長詠霓來談關於經
濟部主管事業之職權分劃事，深以行政方面綜挈無人，步
調紛亂為憂，余亦有同感焉。午後服藥一片，自二時卅分
睡，至四時卅分起。睡眠補足，乃覺精神漸復。今日皋上
山，而皓適來渝，兩人相左。與皓談工作問題，剴切訓勉
之。傍晚李伯豪主席來談，夜劉俊如主席來談，核四組文
件，十二時寢。

8月5日　星期一　晴　九十二度

七時十五分始醒（昨晚服藥），已不及參加紀念週。
暑期如此頹唐，誠無以自解矣。皓兒來商就業事，告以應
有定見、有自信，不必計較一時地位之高下。若隨俗浮

沉，非余所望也。閱情報十餘件，轉呈希聖研究報告及邵
秘書譯件各一件。午後甚苦熱，其實熱度不高，可見抵抗
力之弱。苓西哥及佩箴先生先後來談。接四弟來電。夜無
事，納涼閒談。十一時就寢。

8 月 6 日　星期二　晴　九十三度

七時起。閱情報十八件。唯果來與談最近國際情勢
及敵閣成立後之動向。午後公展來談中央日報社社長繼任
人選（滄波就任監察院秘書長）及戰時新聞檢查問題。午
餐後略睡即醒。接委員長自黃山寄來電文一件，為商瑞典
轉讓在美所購飛機事。即攜電往訪亮疇部長，請其訓令謝
使照辦。談二十分鐘，攜條約材料多件而歸。翁詠霓兄來
訪，談經濟部今後之業務。傍晚核閱四組文件，晚餐後作
孚偕何北衡兩君來訪，商北碚設縣問題。十二時卅分寢。

8 月 7 日　星期三　晴　九十四度

七時卅分起。昨晚入睡甚遲，今晨殊不能早起，臨
起時仍矇矓有睡意也。八時五十分到國防最高委員會，晤
孫幾伊及胡秋原君。九時與岳軍先生同赴黃山謁委座，旋
季鸞亦來謁談。委員長命研究某君來函，與季鸞等退至余
室談論久之。二時送季鸞歸汪家花園，即在彼寓午餐。康
心之夫人以麵食相餉。食畢，偕岳軍同歸。四時到渝寓，
小睡直至六時，汗出如瀋，買瓜食之。夜羅剛來談甚久。
十二時寢。

8月8日　星期四　晴　九十七度

七時卅分起。今日天氣轉熱，幸尚有微風，檢讀委員長三年來各種書告，備撰擬八一三文字之用。接政之來函，即呈閱，並轉季鸞。唐組長來談，不願赴德國，為擬簽呈送文白會簽呈請。十一時舉行參事會談，向委員長報告數事，午餐後散會歸寓。滄波來作長談。傍晚芃生來談一小時。七時以岳軍約赴其寓晚餐，季鸞亦來會，談至十時，送季鸞歸報館，即歸。十一時寢。

8月9日　星期五　晴　九十八度

七時五十分起。彭鎮寰兄來談甚久。對於教育專門委員會各事，問答頗詳。九時卅分去。閱情報十餘件。毓麟來談。旋唯果來談，以所撰青年問題之論文，囑余審閱，為之改定數語。十二時有空襲警報，下午三時許敵機三批在長壽集合後整隊襲渝。近中四路處投彈甚多。四時解除後，偕唯果、祖望等外出巡視，知文白寓被震毀，四組辦公室亭院中亦落一彈，但無損失。六時歸寓，為僕人不聽命，幾發大怒，其實何必如此。夜芷町來長談。天氣熱甚，十一時寢。

8月10日　星期六　晴　九十五度

五時醒，七時十五分起。盥洗畢，為委員長起草「八一三告淪陷區民眾書」，凡三小時餘而完稿。長三千八百言，其間曾往謁委員長一次，並與黃仁霖談話，

兩經間斷，故不能呵成一氣也。十一時卅分參加黨務會
報，到十四人，商討物價及糧食問題。一時卅分歸寓午
餐。今日遲兒自成都來，皋、皓兩人亦均在渝，如此團
聚，亦殊難得。購大西瓜一枚，分食之。四時積祚、佩
箴、惜寸等先後來談。夜核閱四組文件後與諸兒談家常。
接默來函。十一時卅分寢。

8月11日　星期日　晴　九十八度

　　七時起。閱情報多件，並辦發手令兩件，為分發印
刷品及輔助中央黨部生活費事也。十時芷町奉召到對岸官
邸商平抑物價事，託其攜呈報告兩件，並囑將「八一三」
書稿面請核改後攜回。十一時卅分七弟來，聞有空襲
消息，午餐後敵機兩批入川境，四時始解除警報。渝市
及江岸被炸多處，幸死傷不多。五時以電話詢國華，知
八一三書稿須重繕修改，已在官邸抄繕逕呈，乃決定今
日不過江。傍晚甚熱，與泉、皋、皓三兒及七弟談青年
問題。夜芷町攜來文件十八件，燈下處理之，揮汗如
雨。十一時寢。

8月12日　星期一　晴　九十九度

　　六時起。七時到國府，出席紀念週。果夫作報告，
總裁亦有簡單講話，就軍事、政治、經濟近狀略加分析，
並謂國際形勢上月底最惡劣，今已逐漸轉好矣。八時十分
禮成，回寓整理物件，擬即赴黃山小住。九時到官邸一

轉，晤辭修、伯聰、可亭、率真諸人，匆匆略談畢，攜省
吾渡江。先至汪園訪季鸞，商八一三發表之文字。季鸞為
別擬一稿，於十二時送到。委員長審酌後，以為國民不易
理解，仍用前稿為宜。今日敵機襲璧山等處，在山舍坐談
二時餘，午後承命將八一三書稿再加三段，七時定稿，交
省吾攜渝發表之。夜宿黃山。晚餐畢，與國華、自誠談
二十五年西安事變前後之舊事。十時後始各歸寢。

8月13日　星期二　晴　九十六度

　　六時十五分起。山居環境清幽，心神為之一爽。外
出散步卅分鐘歸，整理舊稿，擇其不重要者毀棄之。閱參
考消息及敵人廣播，知敵國海軍於八一二亦發表滬戰三週
年談話，侈陳戰績，與德軍作戰相比附，其言愈肆，而其
軍中戰意愈弱可知也。一時至官邸午餐，與蔣夫人談抗戰
前途。三時回室小睡。五時委員長召往談話，示余以報告
一件，命攜往與季鸞研究之。七時自季鸞處歸，九時再謁
委座，略談。十時卅分寢。

8月14日　星期三　雨　八十二度

　　六時三分起。昨夜有雷雨，今晨驟涼，山中當不逾
八十度也。第四組送來呈表八件，閱定後逕呈之。又寄回
六組呈核件二件。與世和談話，以荔枝一小筐贈其子女分
食之。蓋其家適住在余之鄰舍也。修改七中全會開會詞一
篇，午後小睡起，續閱講稿。四時卅分委員長招往山中茅

舍談話，詢宣傳及團務，並示余以敵軍發言人對八一三告
淪區民眾書之批評，委員長今日意緒似略有煩鬱，在山間
散步久之。余於七時赴康心遠兄寓晚餐。主人治盛饌相
餉，余與季鸞、谷冰均微醉。餐畢，與季鸞談至十一時
歸。季鸞示余以新撰之論文一首，論抗戰建國之歸趨，殊
服其體大思精，燈下閱讀再四，並摘記要點，不覺夜深。
二時卅分寢。

8月15日　星期四　陰　八十度

昨晚失眠，今晨四時後矇矓入睡，至六時即醒。以
季鸞論文函呈委員長後再就寢。至十時卅分始起，今日國
防會議遂不及回渝參加矣。修改七中全會時講稿兩篇。午
餐後又小睡至三時始起。睡眠已足，精神較佳。聞今日上
午曾舉行黨務會報，余乃事前未接通知也。傍晚謁委員
長，呈仙閣一函。夜侍衛長備饌邀余及俞、蕭兩秘書共
酌。八時往官邸，侍委座及夫人出外步月。十時回室，
十一時寢。

8月16日　星期五　晴　八十五度

七時起。繼續修改講稿一篇，閱兩日來批表二十餘
件。往謁委員長，談黨務及經濟政策。委員長近日似有深
憂，由其容色可以察知，然不欲為我等詳言也。正午有空
襲警報，至山舍小憩。嗣知敵機襲永川、瀘州等處。午後
以政之來函寄季鸞，傍晚得覆函，並附一意見書，續前所

論外交稿。五時李柏豪主席來訪。六時文白主任及唯果秘書同來黃山，知委員長將調文白任政治部長，並主持青年團事，余甚惜文白之離侍從室而不能挽留。晚餐後，與文白詳談，商政治部及青年團之人選。八時往見委座，報告商談之大略，歸告文白，勿以李秘書任團部辦公室主任。文白於十時渡江歸。十一時寢。

8月17日　星期六　晴　八十八度

　　七時起。修改致各戰區高級將領振奮精神之手啟通電稿一件。閱批表十四件及望弟送來文件五件，並將季鸞來函摘要留底。十一時發空襲警報，往謁委座，將季鸞件面呈。午餐後與蔣夫人研究中文文法。午後三時警報解除後回室小睡。今日委員長約見康心如、王文伯兩君，分別招待，與之談話。五時卅分張國燾君來見，偕之同謁。詳談糧食調節及必需品之統制分配等問題，約一小時餘。旋再至余室續談，至十時別去。立夫兄為歐陽格事約往廣安中學寓所詳談。十一時回寓，今晚兩次空襲警報，第二次在晨三時，聞炸江北。四時五十分寢。

8月18日　星期日　晴　九十二度

　　八時卅分起（昨晚僅睡三小時）。立兄偕稚公、溥泉先生同來，請謁委員長，為說明關於歐陽格君之軍法審判件，三君力白其貪污部分係屬無據，必欲見委員長陳述。余請示往返兩次，不得要領，最後留稚公在此盤桓數日，

俾得從容進言。十一時往山舍參加委員長約見岳軍、季鸞之談話，午餐後陪稚公閒談。四時委員長約稚公往談，對於歐陽格案之經過，謂懲處理由在軍律上有充分根據，未可末減，稚公甚諒解。五時偕稚公同車返渝寓，七時到達。夜芷町來談，十一時往訪文白，十二時歸。有空襲警報，三時後解除，就寢。

8月19日　星期一　晴　九十五度

六時卅分起（昨晚僅睡二小時餘）。七時到軍委會參加紀念週。總裁親臨演講，報告處分歐陽格之經過，八時禮成。與楚傖略談後隨委員長歸官邸，報告二事。十時到辦公室，以有空襲，故侍從室會報未及舉行。與文白略談而歸。十一時後發警報，芷、果均來余寓。今日敵機以一七六架編隊大舉襲渝，第一批入渝空者一〇八架，狂炸新市區，余寓之週圍有中彈者。房屋被震，稍有損壞。電燈、電話全停矣（編纂股之房屋震壞不可居）。三時卅分午餐，餐畢小睡，至七時醒。核呈文件五件。芷町來談。十一時寢。

8月20日　星期二　晴　九十八度

七時卅分起。昨晚睡眠較酣適，今晨起床後精神較佳。委員長今日親臨出席行政院會議，並接見市政當局，指示空襲防護事宜。余往謁，匆匆報告數事即歸。陳介生君來，談特種經濟調查處事。鐵城先生來，談赴南洋各地

視察事。新任粵財廳長鄒玉林先生來談粵財政事。正午又
有空襲警報，與唯果等提早午餐。午後二時敵機入市空，
在市區投燃燒彈多枚。城內起火多處，水缺而消防機少，
延燒至夜十時方息。晚餐後閱四組文五件，赴老鷹岩山舍
小憩。十一時就寢。

8月21日　星期三　晴　九十五度

　　山中清靜涼快，昨晚睡眠極佳。七時卅分起。本擬
小住一天，藉補未完工作，嗣知委員長約赴南岸，乃匆匆
返渝。行前往訪顧孟餘先生，談二十分鐘。九時卅分抵渝
寓，匆匆收拾後即渡江。在江岸待輪渡約半小時，十一時
卅分到達，往山舍謁委座，與張秘書長討論外交。旋至官
邸午餐，餐畢，在余室讀談一小時別去。接顧大使巧皓
電，即轉昆明何總長。又發粵財廳顧廳長電，並覆季陶一
電。晚餐後與國華秘書外出，循清水溪散步。十時歸。
十一時寢。

8月22日　星期四　晴　九十二度

　　五時卅分起。閱情報十餘件。六時卅分隨委員長渡
江，視察被炸區域。城內商市區域毀壞過半，斷壁焦垣，
不堪卒睹。七時到辦公室小憩，與文白談本室及政治部
事。八時隨委座至青年團中央團部，今日集合青年團及政
治部人員訓話，委員長有懇切之誥勉。事畢至軍委會見
客。十一時卅分渡江歸。聞有警報，至一時後敵機八十餘

架飛入市空，在南岸彈子石等處投彈，二時警報解除。返室略睡起，核閱四組文件十六件，又閱研究報告一件。晚餐後略見涼爽，往汪家花園散步，擬訪季鸞未果。十一時寢。

8月23日　星期五　晴　九十二度

七時卅分起。連日注射 HOMBREOL，精神尚佳。致允默函一緘，告近狀，即日發出。續閱四組文件，知芷町患病已兩日矣。接祖望寄來私人函札十餘件，委員長約往談各機關續行疏散問題，命傳諭張秘書長計劃疏散地點，並諭知應發顧孟餘君每月特別費。午餐後往訪季鸞，談一小時歸。小睡至三時起。接胡政之二十日函（附孫君十九函）及馬電，往見委座報告後，再往訪季鸞，商覆函。六時卅分歸，道遇委員長同歸，略談後即渡江。風雨大作，汽車幾不得渡，至九時始歸寓。以函送顯光，託明日寄出。十一時卅分寢。

8月24日　星期六　晴　九十四度

六時卅分起。核閱四組文件十五件。八時約羅寄梅君來攝影，蓋泉、皋、皓、細及九妹、七弟均在寓，留一紀念也。九時卅分到辦公室，訪文白談話。十時到官邸，與林之夏（亮生）談話。旋即參加會談。今日到者卅三人，青年團各副處長均來會，對救濟空襲及平定物價有詳盡討論。美國 *LIFE* 雜誌記者來為委座攝便影。一時

後始散，歸寓午餐。為中央日報事，頗費研究。四時卅分
到四組，辦發代電四件。與芷町談話，知病已痊癒。五時
舉行侍從室會報，七時會餐，歡迎賀貴嚴先生復任第一處
主任，並為文白主任餞別。共飲白蘭地一瓶，盡懽而散。
九時後回寓。驌先來談一小時餘。與諸兒略談後就寢，已
十二時矣。

8月25日　星期日　晴　八十七度

六時起。覆許孝炎秘書函，又致翁詠霓君一函，為
皓兒請求介紹入地質調查所工作事。八時由寓動身渡江，
九時一刻到黃山，氣候頓覺涼爽。今日委員長約程、白
副參謀總長及軍令部長談軍事，二時卅分始畢。文白、
貴嚴、辭修過余室談良久而去。小睡至四時卅分鐘。五
時偕岳軍、季鸞兩君謁委員長，在山舍內談二小時。退
至余室晚餐後別去。夜再謁委員長，承命辦代電兩件。
十一時就寢。

8月26日　星期一　晴　八十七度

六時卅分起。八時以車往接季鸞來黃山撰擬文字。
余利用此時間，將前次岳軍等所擬各件錄存一份。午餐後
往謁委員長，略談即出。三時季鸞之文脫稿，尚有後段，
彼回寓續撰，約明日再商。今日上午尚涼快，午後轉熱。
季鸞去後，小睡至四時卅分起。繼續抄錄各件，並校對
之。夜閱批表十七件、情報二十餘件，續蔣夫人「對於民

主國家之觀感」一文。十一時就寢。

8月27日　星期二　陰　八十二度

六時五十分起。今晨有小雨，氣後轉涼。八時以車迓季鸞來，繼續商擬文件，而余為校繕之。委員長今日上午研究軍事件，親書致薛長官等函，故行政院例會改期明日舉行。致薛長官函，親勉備至，有如家人，為錄存之。閱外交件及美法使館來電，知法對日本假道安南之要求終必屈服也。午刻約岳軍先生來談，午後將季鸞起草件共商後繕正一份，先呈委員長閱覽。五時委員長約余等三人往談，詳示國際形勢，談一小時餘。七時晚餐後倦甚，九時就寢。

8月28日　星期三　陰　八十二度

六時起。以電話致希曾，託定購飛機票。八時卅分渡江，九時卅分到渝寓。九妹、細兒已各於三日前歸校矣。谷正綱君來談美蘇訪問團事。十時到曾家岩訪貴嚴主任。十時卅分到官邸參加參事會談。今日到者不多，與鄭彥棻、王文伯及詠霓、驪先等談洽各事。會畢，又商談宣傳訓練諸事。一時五十分唐組長、邵秘書來談，返寓一轉，仍渡江回南岸。先往訪季鸞，談一小時餘。在庭中露坐，飲桔子汁，覺環境幽靜，空氣清新，至可愛也。五時歸山寓委員長及夫人偕來余室，談二十分鐘而去。夜核閱四、六組文件，殊苦頭緒紛繁。燈下寫寄

默函。十二時後寢。

8 月 29 日　星期四　雨　七十六度

六時卅分起。寄十二號B 家書，想允默接此函後當可不致遙念。蓋昨函頗以余近來體力工作如何為憂也。祖望寄到四弟來函一件。係自永康所發者。言下月中旬可動身來渝，手足不相見已將四年，甚望其能早來一敘。四組寄來呈件六件，為分別處理之。八時後為蔣夫人修改「吾人對西方各國政策之觀感」一文，全文長約五千言，根據英文原稿對照修改，以原文構句太長，譯者又太拘滯，故修改異常費力，至正午尚未完稿。委員長約談，遂暫置之。午餐後果夫來談，攜示一電，謂佛海有為中央效力之意，甚可異也。四時以車迓季鸞來談。四時卅分到山舍，同謁委員長，談日本政治新體制及其所謂大東亞新秩序。委員長論日人性格，有極精闢之言論。季鸞傾服不已。談一小時餘，仍歸余室，留共晚餐。餐畢別去，囑俞秘書國華繕寫季鸞研究之件。閱四組批表十八件、情報十件，覆閱芷町所擬為節約儲蓄告全國國民書，繼續修改蔣夫人之論文，至十二時後始完畢。就睡已一時餘矣。

8 月 30 日　星期五　雨　七十七度

五時即醒。昨晚睡眠殊不佳，思再睡不可得，六時遂起。閱外交電八件，關於越南情勢報告頗多矛盾，然法國勢必對日屈服也。七時委員長約往談外交與經濟後即渡

江（今日黨務會報余未出席）往曾家岩，余留室整理積件，改訂書告目錄。午餐後二時約季鸞同赴渝，以車往迓，遇之於途，遂同歸。四時同謁委員長，適作孚自成都來，報告米糧問題。委員長命余擬一告川民之書告，面示要點甚多。六時歸，送季鸞回報館後，覺甚疲倦矣。騮先、實之先後來談。芷町、作孚亦來長談，至十一時許始去。閱各方來函十七件，直至十二時卅分始寢。

8月31日　星期六　雨　七十六度

七時卅分起。在山中住稍久，到渝寓後覺又是一番景象。接詠霓函，已為皓兒介紹於金沙江水利處工作。皋兒亦決定入寬仁醫院服務。泉兒待清華考試揭曉，如無望，則入中央農業試驗所。諸兒工作安排略定。接九妹與細兒各一函，即覆之。閱情報及四組文件各十餘件，審核報告二件。十二時到岳軍家午餐，季鸞亦來，食麵兩碗，甚甘美。鐵城先生今日出國去南岸，來辭別。一時送季鸞出門上飛機赴港。岳軍略談中樞黨政近週來各事，與設計局及考核委員會人選，至三時後始回寓。五時接委員長電話後，發香港電。夜唐組長、邵秘書來談話，知沈宗濂參事兩次來訪，均未晤也。準備文字材料。十一時寢。

9月1日　星期日　雨　七十四度

六時卅分起。接雲岫電話，囑至官邸，遂不及出席國民月會。七時五十分謁委座，命致季鸞函，有所指示，並詢糧食問題之文告。歸寓後即詢顯光。知本日無機去港，乃以簡電發致季鸞。十二時偕盧作孚君往見，詳談川省糧食管理問題，在官邸午餐後歸。芷町、唯果均在寓，談至三時後始去。小睡乃至五時始醒。文白今日正式就政治部事，特來話別，今後第一處主任由貴嚴兼代。發寄允默一函。七時核四組文件十二件。十時後起草為糧食問題告川民書，二時完成，三時就寢。

9月2日　星期一　雨　七十四度

七時卅分起。昨晚只入睡三小時而已。精神殊感疲倦。八時卅分到官邸，晤貴嚴及趙祖康君（交部公路處長）。入謁委員長文稿，委座閱後謂應修改，並酌易其順序。九時卅分歸寓，客來不已，竟不及動筆。午餐後疲極，而神經緊張不能入睡。閱第六組情報呈件二十餘件。唯果來談，甚久而去。晚餐後約七弟及諸兒集余室，談文字作法，蓋欲藉以調節腦筋，以便撰寫文字也。九時柳劍霞、康兆民、何孟吾來談，十時後改撰告川民書，一時完成。即寢。

9月3日　星期二　陰晴　七十四度

六時五十分起。整理積件，與文白、雪艇電話接談

後，九時卅分渡江到對岸官邸，以文稿呈閱。十一時聞有警報乃至山舍，旋聞南充等縣被投彈。委員長核改告川民書，余與蔣夫人談研究漢文文法。一時午餐後，委員長仍將告川民書命攜回重改。二時接重慶送來季鸞由港寄之函，錄底後攜呈之。小憩約一小時，晚餐後委員長來余室內研究張函，略談而去。夜閱林語堂所著「四十年來之北京」（英文小說）。準備改文。十一時寢。

9月4日　星期三　晴　七十六度

六時五十分起。今日委員長去重慶開會。午前閱報後即將告川民書照委員長意再修改，並重撰兩段，至十一時完畢。今日聞敵機曾抵黔陽境，旋又回飛。十二時委員長始自渝歸，約往午餐。餐畢，將告川民書詳閱一過，約二小時，略改字面，即交還，命印成布告，由航委會派機送發。並囑與作孚商糧食管理辦法。四時自南岸動身歸渝，車抵海棠溪街市，突遇行人及小孩一人，自左右兩旁同時疾行而來。車不及避，遂至撞傷，即停車將傷者送入醫院療治。幸傷均不重，而車底擱于路旁之岩溝間，雇夫相助，始獲開行。抵渝已六時五十分。往訪作孚後即赴文白家晚餐。到侍從室同人十人，飲酒極懽。九時歸，與作孚商告川民書。芷町、自誠均來，決定即晚付印，處理至十二時始寢。

9月5日　星期四　陰晴　七十九度

昨晚睡不佳，今晨早醒，六時卅分即起。委員長以電話詢文告印刷事，並囑約作孚等諸人會談。今日中政校校務委員會開會，因事不能出席。囑曹速記聖芬往印刷所協助校對等事，並在文告內補充一段。九時卅分到官邸，十時參加關於糧食問題之會談。到劉總司令、吳市長、盧作孚、何廉、正綱、戴笠、恩曾等七人。至十一時卅分畢。接季鸞三日來函，下午專人送南岸呈閱。午餐後思小睡，而神經緊張，電話不斷而至，遂強起，指揮自誠等工作，傍晚芷町來，決定將告川民書分兩部份寄發：一部份以航委會機載發，一部份仍用快郵，並與省府通電話。八時卅分晚餐畢，處理四組文件。十時作孚來訪，詳談糧食管理等事，直至十二時後始去。一時寢。

9月6日　星期五　陰　七十四度

七時起。與委員長通電話，報告昨晚與作孚商談之結果。旋又與元靖秘書長以長途電話談話。八時卅分早餐後約述庭兄來談。述庭昨日入城，晚間即宿余寓也。今日泉兒赴成都，將入中央農業實驗所，六時動身，未及面別，殊念之。九時到官邸謁談，十時約參政會駐會委員及鄒韜奮、張申府等會談，參加旁聽焉。並與郭沫若、程滄波、俞松筠等談話，十二時始歸寓。與美記者GUNNISON同歸。此人今日特謁委員長致敬。午餐後閱六組情報十六件，批准五組組員湯定宇辭職，發致林主席

一電，致問候之意。又承命發賀秘書長一電，指示管理糧
食應急辦法。五時渡江，過黃山，薄暮行山間。殊覺舒
爽。七時謁委員長，閱張治平件，與盧作孚君在長途電話
內通話。十一時卅分寢。

9月7日　星期六　陰雨　七十四度

九時許始起。昨晚服藥，頗得安眠。今晨天陰，窗
際光弱，既醒又睡，故不覺遲也。命僕人摘桂花兩枝來，
供於膽瓶內，清香之氣令人陶醉，如在家園過秋節矣。提
呈四組送來之件，並閱批表二十餘件。十一時委員長約
談，交下致賀秘書長、盧局長指示糧食處理辦法；第二電
並詢黨政人事處理。午餐後回室，將賀電發出，並將青年
團呈表二件並發。又改派段書貽為中訓團教育主任委員，
均專人送達之。四時再往謁，命函告季鸞歸，即昨一函，
擬託顯光明日寄出。夜閱四組來件四件，讀「四十年來之
北京」。擬撰文未果。十二時寢。

9月8日　星期日　雨　七十四度

八時卅分起。連日陰雨，骨節又略又酸痛，精神亦
覺鬱悶，然尚不甚疲，則藥力之效也。今晨委員長赴渝，
商河內事（聞日軍假道越南已有成約）。余未隨行，為蔣
夫人撰告女界青年書，為招收戰地服務訓練班而發。因未
攜書手，親自抄繕，頗以為苦。午後接季鸞六日函，謁委
員長報告各事，回渝一行。五時動身渡江，六時後抵渝，

閱六組呈件十餘件。芷町來談公事，核呈四組各件。十時
往訪屬生於重慶村，談一小時餘而歸。十二時寢。

9月9日　星期一　雨　七十三度

　　六時四十五分起。七時參加紀念週及河口起義紀念
典禮。吳稚暉先生作報告，八時完畢。與岳軍、驪先略談
歸。十時往謁委員長，接顧大使陽日來電二通，知越南對
日已完全屈服。承諭辦發電報，並指示準備九一八文字。
退晤貴嚴主任，匆匆未詳談。與唯果談近日委員長會客情
形，十一時卅分返寓。吳德生、方杰人（名豪，杭州人，
益世報主筆）來談，午餐後去。約邵秘書毓麟來詳談，告
以工作要點，並囑注意研究敵情變化。小睡一小時起，處
理公私函札三十二件，至傍晚始畢。接委員長三次電示，
為越南問題宣傳事，約傅生來共商，發消息一件，交路透
社。又致胡、郭大使。電芷町來談。十二時寢。

9月10日　星期二　陰　七十三度

　　七時起。昨晚睡眠又不酣，由未服藥之故。覆私函
三緘。八時卅分邀公展副部長來商對越南問題宣傳要點，
並談新檢局及百川、冠青等事，以兩君皆抑抑也。胡秋原
君來談理論人才之培養及金融與物價問題，約一小時餘而
去。往訪傅生，復偕之往訪亮疇部長、叔謨次長，談越南
事。午餐不思食，勉盡一碗。午後閱六組情報二十四件。
小睡一小時，接季鸞七日發函，整理要件藏之鐵櫃中。乃

建組長來談，攜來沈鈞儒等六十四人請進一步加強對蘇外交關係書。六時由渝動身渡江來黃山，夜八時卅分謁委員長，退歸後閱「四十年來之北京」。十一時寢。

9月11日　星期三　晴　七十七度

七時起。閱情報九件，核呈四組文件四件，與唯果在電話中商中訓團事。十二時到官邸，參加會宴。今日為孔庸之先生六十足歲誕日，委員長設宴宴之。約賈煜如秘書長、徐次宸部長、王亮疇、吳德生、魏道明夫婦等作陪。一時卅分餐畢。德生退至余室，談其信奉公教之經過及新舊約改譯等事，三時後始去。余因之未及午睡。今日略感煩倦，傍晚外出散步。一時餘回寓後閱批表及外交件，讀四十年來之北京，愛其文字俊逸，忘夜之深。二時寢。

9月12日　星期四　晴　八十一度

六時卅分起。近日每日五時後即醒，睡眠殊不足也。九時委員長約往談糧食問題及建川美次使俄之觀感，以電話告邵毓麟秘書，囑往訪王芸生，請撰社論，揭破敵國之妄想。十一時發警報，敵機四十六架來襲渝市，在南岸及市區投彈。第三批入市空時，余在山中仰視甚清晰。十二時五十分午餐，餐畢與蔣夫人及張藹真、陳紀彝二女士談婦女指導委員會工作及育材學校（陶行知所辦）貽誤兒童事。三時卅分歸，四時往訪立夫兄於廣益學校。六時

與顧一樵、吳士選兩君同車歸渝。七時到達，有警報，張
國燾、李唯果兩君來談。十二時後就睡。

9月13日　星期五　晴　七十九度

七時起。閱第六組批表數件及私函數緘。接季鸞十
日、十一日兩函，八時往訪岳軍，商談經濟作戰部及糧食
管理局諸事。九時卅分歸。盧作孚君來訪，談糧食管理辦
法之實施。十時同往謁見委員長，今日本擬舉行黨務會
報，商社會經濟問題，適有警報未及舉行。偕唯果、芷町
同歸美專街。十二時敵機二十七架狂炸上清寺一帶，侍從
室五、六兩組及一、三兩組房屋均有損壞，四組亦略有波
及，但尚勉強可用。其時余疲甚，先作小睡，遣竺副官速
為整理。五時往視察一週，並指示修理工作。七時歸寓晚
餐，餐畢處理公私函件十餘件。十一時寢。

9月14日　星期六　晴　七十八度

六時即醒。昨晚服Ipral，睡眠稍佳，七時卅分起。
八時參加侍從室四十七次會報，商消費合作社辦法及本室
辦公地址等問題。接委員長電話，命辦發電令：（一）獎
勵綦江士紳捐助軍糧；（二）催財部發足購糧款項。九時
歸寓，岳軍來訪。九時卅分偕岳軍同來對岸。十一時謁委
員長于山舍。今日敵機二批襲渝郊，十二時卅分午餐，餐
畢侍談一小時餘。對敵國之新體制前途，委員長發表意見
甚詳。三時卅分岳軍別去。小睡一小時起，傍晚外出散

步。夜核閱六組、四組呈件，九時卅分有警報，約一小時
四十分鐘始解除。與委員長、蔣夫人坐月色中談話。十一
時卅分就寢。

9月15日　星期日　晴　八十度

　　六時起。盥洗畢，發第十六號家書，即起草九一八
第九週年紀念日告全國同胞書。上、下午兩次有警報，上
午九時至十一時解除；下午一時至三時解除。曾至地下室
內繼續撰寫，燈黯而室內潮濕，不能作事。工作兩度被
擾，精神甚為不怡。午後擬小睡，亦不能合眼。接祖望電
話，知曾家岩又被投彈。四時後繼續起草文告，蕭秘書自
誠來，談約一小時，遂又中止。至九時卅分始大體完成，
即交清繕。閱報後就寢。一時卅分敵機又來襲，三時卅分
解除。余神經興奮，不能入睡。取文稿再加修改。五時後
就寢。

9月16日　星期一　晴　八十度

　　今晨倦極，未往參加紀念週，睡至九時始起。十一
時委員長自渝歸，聞有警報，即至山舍休息。閱九一八紀
念文字，委員長詳核後命再酌改。時敵機四架由汪山飛
來，盤旋二、三匝，其意頗惡。至一時後始解除警報，在
官邸午餐。聞今日兩次炸小溫泉及南泉。政校房屋有被毀
者。午後小睡一小時餘，修改文稿，於七時攜呈。今日中
秋，官邸設饌約衛神父、戴夫人、錢、陳兩秘書賞月，余

亦同餐，餐畢，夫人留與諸君坐談消遣。委員長細閱文稿，甚加稱賞。約二時許仍交還。十一時寢。

9月17日　星期二　晴、略有陰雲　七十八度

七時起。委員長今日赴政治學校，對高等科學生講話。余上、下午均為修改文稿之工作，蓋委員長於字句仍多斟酌，且續加新意也。既成篇以後，隨時追加，無論如何苦心安排，終難愜意。其間核呈要件四件，並囑李秘書接洽廣播等事，下午五時始將全文校繕完畢。與自誠省吾同過江，七時到官邸。委員長以全文廣播海內外，七時卅分始將全稿送中央社發表。晚餐後核閱四組文件十五件，往訪賀貴嚴主任，談卅分鐘歸。與祖望談組務。十二時寢。

9月18日　星期三　晴　八十二度

七時四十分起。昨晚為本室防空洞安全與秩序問題與祖望談甚久，入睡當在二時矣。處理私函八緘，八時五十分往謁委員長，為唐組長請空襲損失救濟費，並請示印刷往北平散發傳單事。退至辦公室，作函數緘，約希曾來商本室添設公費股事。委員長條諭派周國創擔任。又約唐組長來談，旋許卓修秘書來訪。巡視四組、五組，對各組員均有指示，並安慰竺副官，以其連日辦理修繕等事極負責辛勞也。又與夏書記新需談，留交徐組長一函。十一時卅分渡江，歸黃山。午餐後與祖望、實之通電話，小睡

至三時醒。閱情報，五時與國華外出散步，約行山徑五里，八時至官邸晚餐。十一時就寢。

9 月 19 日　星期四　陰　七十五度

八時起。閱情報十餘件，批表十六件，處理四組請核文件四件，上午光陰就如此匆匆度過矣。委員長約談，對越南局勢甚關切，謂日本近開御前會議，必於南進問題有所商決，甚可注意。下午小睡一小時起，修改講稿。自誠來談。接季鸞十七日發來函，留底後即攜函呈閱。奉諭暫可囑其在港靜候也。夜盧作孚君來電話，報告明日出發瀘州開會。閱「四十年來之北京」，十二時卅分寢。

9 月 20 日　星期五　陰　七十二度

七時起。今日氣候驟涼，山中非閉窗戶不可。委員長到警官學校參加畢業典禮後，略患喉痛，在寓休息。面諭數事，即電話渝寓轉告辦理。午後為糧食管理局擬呈緊急實施要項事，委員長有嚴切之批諭，前往面陳，續有指示，囑轉告盧局長，乃決定返渝。旋接季鸞十九日函，面陳後即發一覆函。七時偕顯光渡江返渝。今日因食粽子一枚，胃部忽覺脹悶，遂未食晚餐。與芷町處理四組文件十六件。後約作孚來談，詳詢其計擬中之工作進行辦法，並以委員長意告之。十二時就寢。

9月21日　星期六　陰　七十二度

八時起。與七弟談外交及敵軍今後動向，覺疲乏思睡，小作休息。唯果來談，十一時楊雲竹司長來談。旋竺鳴濤兄來談鄭延卓擬脫離辦公廳，囑留心為之介紹工作。午餐後處理私函十餘緘。三時卅分為糧食管理局事作簽呈，交唯果攜黃山呈核。蓋糧食管理實施要項，急待頒行，非請即予核准不可也。四時舉行侍從室會報，討論空襲損失及消費合作社等各事。七時散會。陳初如署長來訪。往訪張文白兄，即在彼處晚餐。暢談至十時始歸寓。與毓麟、唯果談至夜深始寢。

9月22日　星期日　陰　七十二度

七時卅分起。辦發代電，致糧食管理局，核定緊急實施要項。十時滄波來談。十一時到辦公室，陳組長希曾來商消費合作社事。續接季鸞廿一日來函，閱之甚感離奇，即呈委座核閱。奉諭于下午電覆之。十一時卅分參加星期會談，討論太平洋局勢及敵閣現在動向，今日特約左舜生、蔣夢麟、胡先驌諸人參加，一時始散。委員長命拍發兩電，二時回寓小睡。唐組長來談。五時訪季陶，談遊歷印度事。七時晚餐，核六組、四組文各約二十件。糧食管理局盧郁文參事來談，約一小時餘始去。核閱汪、阿部商定之文書多件，略加分析，似所報有脫略處。與毓麟談話。十二時卅分寢。

9月23日 星期一 陰、下午晴 七十四度

七時起。八時往軍委會參加聯合紀念週。今日到者約三百人，由蔣作賓先生報告。旋舉行臨時常會，決定國民大會延期舉行。蓋敵人南侵（今日已侵入越南），時局重大，中樞諸人應付必漸忙也。在會中謁委座報告戴君出國事；又接見沈宗濂君，談經濟及金融問題。十時回寓，約見駱美奐君，談寧夏情形，馬少雲有兵四萬，深慮敵自綏西侵入，力量太單請援甚切。駱君擬月底回任。今日寄季鸞一函，唯果、自誠來談委座接見第三區各縣長情形。岳軍秘書長來訪，攜去密件二份。午後小睡至三時，處理私函，並閱六組要報多件。糧食管理局何淬濂君來談，約一小時去。夜核辦四組文件六件。十一時卅分寢。

9月24日 星期二 陰 七十五度

七時起。覆憐兒、皓兒各一函（寄憐兒學費明日匯出），處理私函約十件，核定空襲救濟費三件。往宣傳部訪雪艇，談參政會事及戰時新聞檢查事。午後小睡一小時餘，近日頗感睡眠不足也。閱六組情報表十八件，接季鸞二十三日發函及二十一日第二函，錄底後送呈委座。傍晚學素來談本室區黨部事。七時到嘉陵賓館，應岳軍之約，會談中央設計局事。到詠霓、公權、淬濂、豹隱、王文伯、季高諸人，九時卅分散。到何總長公館，與軍令部徐部長、劉次長及文白部長、貴嚴主任等會談時局，直至一時始畢。回寓核稿二件。三時寢。

9月25日　星期三　陰　七十五度

　　七時起。昨晚只睡五小時。八時出席國防最高會議四十一次常會，張秘書長請假，代為執行其任務。通過國民大會延期案及參政會修改條例案。以孔、何、馮陸續發表意見甚多，故至十一時十分始散會。與果夫留談半小時，歸寓。午餐後小睡至三時醒。接委員長電話，為疏散昆明學校事。四時芷町攜稿件（為勸捐軍糧致各縣長電）及文件來，陸續核辦，至晚九時始畢。閱六組呈件批表各二十件，又閱外交電八件。何副局長淬濂來談。夜與毓麟談日本政情。十二時寢。

9月26日　星期四　陰　七十六度

　　七時起連日睡眠均不充足，又稍感疲憊矣。閱報及參考消息後，又略睡數十分鐘，未熟睡也。以電話問候委員長之起居，知傷風未痊癒。哲生來電，為報告之。處理公私函件十緘。允默來函，知山中不甚安寧，有攜械行劫者，擬明日派人上山，接至老鷹岩暫住。覆憐兒及皓兒（寄屏山）各一信，又致澤永一長函。傍晚接季鸞長函，為錄底後呈閱。核第六組情報件十八件，閱批表十二件。夜七時梁均默兄來談關於本黨理論之闡揚事，兼及治學之方法。敏思清辯，時有創見。談約一小時餘而去。核四組文件。至十一時卅分寢。

9月27日　星期五　陰　七十八度

七時起。發張曉峯君電，詢其能就青年團宣傳處事否（託教育部代譯發）。為蔣夫人修改覆電稿一件。致胡秋原函，商雙十節文字。今日消息，美國續貸我國美金二千五百萬，又總統命令自十月十六日起擴大禁運鋼鐵。對日制裁日益明顯。唯果來談宣傳技術甚久。雪艇囑轉陳情報二事。午後小睡起，接周惺甫部長函附闢謠談話稿。又接季鸞廿五、廿六兩函，均專差送對岸呈閱。四時朱玖瑩來訪，熱心作事。外部科長陳康祺來談情報工作。閱外交電六件。夜岳軍、可亭先後來談甚久。核閱四組文件。十二時卅分寢。

9月28日　星期六　陰　七十八度

七時起。閱報知德義日訂定同盟昨日下午公佈，已成立公約，互認為新秩序之主宰。國際情勢自此又一大變，而中國抗戰與世界問題更成為密切相關矣。八時出席青年團常務監察會議，九時十五分完畢。與雪艇部長交換關於宣傳之意見。閱六組情報件後，匆匆收拾，十時卅分赴黃山。十二時到達官邸，委員長傷風已稍癒，謁談數日來情形，面呈二十年日記（原本）、廿一年日記（抄本）各一冊。午餐後始回室，疲極而睡。四時參加官邸會談。到何總長、次宸部長、庸之、岳軍、亮疇、叔謨、雪艇、伯聰、貴嚴、孟瀟、頌雲及劉為章次長。討論對日德義同盟之態度。委員長主靜觀二、三日，囑外交部先擬聲明

稿。七時完畢，送諸君上車後，回室晚餐。閱外交電及情
報批表等約卅件。知允默等已遷老鷹岩，與之在電話中通
話。承委座命，擬電稿，直至二時後始就寢。

9月29日　星期日　陰晴　七十七度

　　七時卅分起。睡眠不足，至以為憾。起草致邵大使
轉史電，及致各戰區將領說明日德義協定與我抗戰關係之
通電。至十時校繕完畢，攜呈親核。又修改一次後，下午
發出之。委員長有致李長官電，為修改其字句。先後接雪
艇、亮疇、叔默、作孚諸君電話，今日頗覺應付不暇。閱
掃蕩報社論，覺甚警闢。一時午餐後小睡，僅四十分鐘即
醒。核閱情報，將敵國軍費統計研究甚久，摘要存寬。接
季鸞廿七、廿八兩函，為錄呈之。夜謁委員長，商外部所
擬宣言稿，輾轉接洽，甚費力。十一時寢。

9月30日　星期一　陰雨　七十五度

　　七時起。渡江至軍委會，參加紀念週。丁鼎丞先生
作報告，九時禮成。與亮疇、叔謨商對外談話稿，又與季
陸談成都事。與岳軍、雪艇分別談外交。自三國同盟協定
成立後，亮疇等主靜觀，雪艇主對德抗議，岳軍主張先質
詢德義而後採取行動，皆各有所見也。十時卅分歸寓，閱
情報多件。十二時卅分亮疇等攜稿來訪，雪艇亦來談。午
後二時偕雪艇渡江，以外部所擬第三稿及參事室所擬兩稿
併呈委員長核閱。決定請外交部以談話方式表明我政府態

度，其談話稿則採用參事室所擬者，而略刪節其字句。其時適謝冰心女士來訪，蔣夫人與談婦女文化工作約卅分鐘。五時偕雪艇渡江歸。往訪亮疇，談卅分鐘歸寓。晚餐畢，往老鷹岩視家人。十一時就寢。

10月1日　星期二　雨　七十四度

六時卅分樂兒來喚醒，略進早食即下山。八時到曾家岩參加國民月會，九時舉行第二區黨部指導員就職典禮，由賀主任代表何特派員監誓，余致答詞說明以後推進黨務工作之方針。旋即邀集羅、鄒、李、唐四執行委員（自誠缺席）舉行談話會，交換意見，商討今後進行方針。十一時卅分回寓，雲光來談，表示不欲就秘書廳二組事。十二時廿分岳軍來談。一時午餐，餐畢，郭兆麟來談僑務，約半小時。小睡至四時。芷町攜稿及呈件來核，至六時始辦竣。接季鸞卅日函，即送呈。胡健中兄來談浙江情形，至晚餐後始去（陳凌雲同來）。閱六組呈件二十件，處理私函十二件。十一時寢。

10月2日　星期三　陰晴　六十九度

七時醒（昨晚睡眠又不佳）。修改講稿一件，覺略有頭暈，休憩一小時餘，仍未能入睡也。胡秋原君送來代擬雙十節文稿一件，審閱內容，覺有應修改處，交唯果兄研究。又核轉外交電二件。正午委員長約執、監兩會常委商談三國同盟成立後之形勢。顧孟餘謂最應注意蘇聯，各人均有發言，二時卅分散。為糧食管理事（作孚來函請求三點）請示委座，均奉諭准。回寓小睡一小時餘。四時約林桂圃君來談。林君對於闡揚理論極熱心。五時後去。七時偕文白家與驪先、文白公餞季陶（將有印緬之行）。到男女賓十五人，九時散席。與文白略談而歸。閱六組、四

組文件畢，為蔣夫人草電稿。一時卅分寢。

10月3日　星期四　陰　七十四度

七時卅分起。處理私函八緘。接四弟電，知艷日動身來渝。致文白一函，送去文稿兩篇。九時季陶來談（中間盧子英、黃仁霖兩君來訪，致蔣夫人函，交黃仁霖攜去），季陶對經濟制度、貨幣、糧食及金融問題談甚久，至十一時而去。何浩若君與唯果來談中央日報事（擬將掃蕩報合併于中央日報，余以為無此必要），十二時後始去。午餐畢，閱外交電二件，小睡至三時五十分。子英偕國術家藍伯熙來為余診疾，並授余以運動之方法。方杰人（豪）來，不及接談也。唯果來商文字，對雙十節書告，勸余重擬。乃建來談糧食問題。夜閱四組文件，與毓麟、芷町、七弟談。至十二時寢。

10月4日　星期五　晴　七十二度

七時卅分起。作私函數緘。九時卅分劉炳藜君來訪，匆匆談十分鐘，意欲為參政員也。十時奉委座約召，偕亮疇、岳軍、叔謨、雪艇。過江途中，聞空襲警報。十時五十分到官邸會談國際形勢。委員長以為日蘇大有訂互不侵約之可能，而敵軍則南進之成分為多。蘇德、蘇美關係仍為捉摸不定。十二時午餐畢，與蔣夫人略談後，亮疇等集余室傾談近事，至二時後始去。小睡迄四時醒。季鸞來談（今日自港歸）。旋李叔明君來談中央儲蓄會事。五

時卅分偕季鸞謁委員長，談一小時許。七時與季鸞歸余室
晚餐後，八時去。蔣夫人約商文學獎金等事。十一時寢。

10月5日　星期六　晴　七十八度

　　七時起。作簽呈一件，以五事報告委員長。即乘車
到江邊候船。八時五十分隨委座同過江，舟中詳談對於中
央各常委，宜有以安慰之。委員長聞之甚為動容。蓋近來
一切現實問題之解決處理，多集中於四、五人，似有截成
兩極之勢，情形與民國二十四年前相似，故不能不直言
也。九時一刻抵渝寓，十時到辦公室小坐，以有警報，故
原定之黨務會報諸人均未能參與，遂停開一次。今日敵機
仍炸成都，余未入防空室，閱六組情報各件，寫簽呈五
件，處理私函八緘。二時警報解除，午睡五十分鐘。唯果
來談甚久。竺副官亦來談。接大哥函。夜準備稿件，與祖
望及七弟等談至十一時就寢。

10月6日　星期日　晴　八十一度

　　四時為鼠患所擾而醒。起閱總理遺教，六時再睡，
至八時起。覺頭腦昏眩，意緒亦不能寧謐，以雙十節將
近，急須草成書告，遂就胡秋原君初稿修改補充，期下午
有餘時，再重撰一篇呈核。十時卅分舉行星期會談，先往
官邸招待，與季陸、驤先、雪艇、顯光等談甚久。十一時
委員長來，因有空襲消息，臨時停止舉行。然季陸、雪艇
仍先後有所報告，離官邸已在十一時後矣。回寓午餐後，

聞緊急警報，入防空室與乃建等談。一時解除，小睡不能眠，遂起。四時于斌主教來談，約一小時。五時後繼續修改文稿，八時完畢。閱六組情報及批表二十件。約唯果來商文字，十時卅分芷町攜文件來，為核示六件。洗澡畢就寢，已十二時矣。

10月7日　星期一　陰　七十四度

七時起。閱參考消息畢，寄允默一函。八時偕唯果同至軍事委員會參加紀念週。林主席領導行禮，王外長作報告，九時禮畢。與雪艇談下屆參政員產生事。回寓一轉，即匆匆收拾赴黃山。十時到江岸與白副總參謀長同渡江，乘車而行，車中談西北各省情形。十一時到山寓。閱報知美國態度益強化矣。午餐後覺甚疲思睡，小憩乃意沉睡，至三時卅分醒。委員長約往談二十分鐘，以文稿授余，命再修潤之。四時卅分偕季陸同進謁，談川政及糧食管制。六時卅分送季陸歸渝。七時五十分到官邸晚餐。餐畢侍談十五分鐘，以郭、邵兩大使來電呈閱。夜讀黃埔訓練集。十一時卅分寢。

10月8日　星期二　陰　七十六度

七時卅分起。閱四組批表十五件、外交電八件。修改雙十節告國民書，加入二大段，至十一時卅分完畢，即呈委員長核閱。十二時西昌行轅主任張伯常來謁，偕同進見，談寧屬政治經濟及夷民情況，在官邸午餐畢，退至余

室商談墾殖計劃，甚久而去。小睡至四時，季陶來談。四
時卅分陪季陶至官邸略談。委員長已將雙十節文告改定，
命再整理文字，並攜往汪家花園，就季鸞商酌，談約二十
分鐘，仍回山寓。偕國華、省吾渡江返渝，已七時五十分
矣。晚餐畢，閱私函數緘，核辦四組呈件十二件、六組呈
件一件。十二時寢。

10月9日　星期三　陰、上午雨　七十八度

七時起。校正昨晚清繕之文稿及要點，分別送宣傳
部及國際宣傳處，先將要點電發。閱外交電六件，十一時
到四組，李毓九來訪，未及接談。十一時卅分到官邸，舉
行黨務會報。正綱、淬濂、國楨、文白諸君均有所報告，
午餐畢，已二時。偕雪艇同至余寓，擬發郭大使轉邱吉爾
電，為緬路重開事表示感佩，並發表雙十節告國民書之全
文。旋滄波來談。三時卅分錢用和秘書來談。四時卅分到
官邸，與葉、王、張三秘書長同謁委座，商下屆參政會
事，七時始畢。回寓晚餐後，處理六組呈件十四件、四組
件十件，核改節約儲蓄通電。八時卅分由渝動身赴老鷹
岩，十一時就寢。

10月10日　星期四　晴　七十六度

七時卅分起。盥洗畢，乘車回渝，已不及參加紀念
典禮。途中遇游行隊伍，停車參觀，覺今年國慶節之氣象
較去年尤為蓬勃，不勝忻喜。九時抵渝寓，與葉、張、王

三秘書長會商下屆參政員選舉事，十時完畢。有空襲警報，葉秘書長以應辦之致各省市黨部及政府電稿託余代辦而去，遂交省吾、子猷分別擬繕，至下午一時卅分警報解除（今日聞在北碚、長壽等處投彈）。所辦之件已完竣，交實之送中央秘書處照發，並分函張、王兩秘書長，又簽報委員長。三時後略睡起，核辦六組情報十四件、四組呈件及外交電十件，作私函多緘，處理畢，赴老鷹岩，已九時矣。十時卅分就寢。

10 月 11 日　星期五　陰雨　七十二度

　　七時卅分起。此次來老鷹岩，曾向委員長請假兩日，以月來工作較繁，須有短期休息也。抵山舍後，環境靜寂，心境亦因而閒適。午前訪顧孟餘君，並見其夫人，談外交及經濟約一小時。繼往訪鄧亞魂秘書，談卅分鐘。又謁林主席，說明眷屬暫寓此間，得無煩擾否。主席溫詞相慰，謂君家樸儉勤勞，兩孫子亦知禮也。回寓午餐食松蕈甚甘美。福子甥女來訪。午後小睡兩小時，醒後散步花圃間。夜與家人閒談，食縉雲山上之銀杏。十時卅分寢。

10 月 12 日　星期六　晴　七十二度

　　七時卅分起。整理行篋中各件，分類彙存，蓋已匝月不復清理矣。接董顯光君電話，囑抄送九日致英首相電，允於明日抄達。十時卅分聞敵機由鄂入川，十一時卅分午餐，但迄未發緊急警報，後知又在成都肆虐。二時

卅分警報解除，與家人談話，對港、滬住居之親友甚覺
繫念。今日午睡未成，精神不暢。傍晚孟餘先生來訪，
談敵人今後企圖及今後抗戰勢須延長，宜注重經濟方面
之自給，以利持久作戰。夜課兩兒讀書，擬明晨歸渝。
十一時寢。

10月13日　星期日　晴　七十一度

　　七時卅分起。八時卅分由老鷹岩動身返渝，九時一
刻到達。知委員長在體育會議訓話未歸，遂未往謁。處理
私函十緘。邵毓麟秘書來談。十一時有警報，提早午餐。
今日皋兒休沐歸省，七弟亦來寓，旋細兒亦自校歸。言將
醫牙疾。十二時發緊急警報，二時卅分解除。敵機又襲北
碚而去。三時後小睡未入眠，稍覺頭痛。夜芷町攜四組文
件十八件來，核閱畢已　將十時矣。與望弟等談話。十一
時寢。

10月14日　星期一　陰　七十二度

　　七時起。昨晚未服藥，睡眠不酣。往國府參加聯合
紀念週，何總長作軍事報告，九時禮畢。與呂參軍長及雪
艇、君武等談話後歸寓。朱敷庭君來訪，旋新聞檢查局吳
仲奇君來訪，報告局務經過，約一小時餘，聽之甚費力。
向午梁均默來談理論宣傳及韓國革命團體之統一等事。午
餐後小睡，仍不酣暢。腦筋似覺紛雜矣。閱民生主義之真
義，祝仲康所著。四時劉自乾主席偕張伯常來訪，略事寒

暄即去。鄒海濱夫人來，託接洽購票赴港事。閱六組批表呈件約廿餘件。夜芷町、唯果先後來談。閱四組呈件十二件。心緒至不佳，十一時寢。

10 月 15 日　星期二　陰雨　六十八度

七時五十分起。昨夜睡眠仍不酣適，屢屢醒覺，且多夢。晨起靜坐片刻，知心中別無牽掛，蓋腦力又不濟也。致盧作孚函，慰問病狀。致郭大使電，告戴君將訪緬印。又覆鎧兒、九妹各一函。陳博生君受命主持中央日報，來商社務進行，約一小時餘而去。代委員長擬致泰戈爾、廿地、尼赫魯函稿，午後一時始就。顯光來談。三時到江岸，即渡江到山寓。謁委員長，參加會談，到岳軍、驤先、可均、雨農、兆民諸人（立夫因病未到），今日為委員長生辰，同祝其健康。會商社會問題及安定後方之策，六時始畢。八時卅分到官邸晚餐，委員長甚沉默，似有不樂之態。夜十時寢。

10 月 16 日　星期三　晴　六十六度

七時二十分起。山中氣候轉寒，真如深秋，然陽光煦麗，長空一碧，居之頗怡適也。過王侍衛長宅小坐，談防空及警衛等問題。接委員長電話，囑約賓客。又接雪艇電話，報告合眾社近訊，美將有軍火供給我國云。午餐後小睡至三時始醒。外出散步一小時。閱情報十餘件。四時卅分雪艇來，偕同謁見委員長。對外交與宣傳有所指示。

委員長十四日及今日上午兩見卡爾大使，擬十八日見詹森，詢英美在太平洋上之態度。六時有警報，敵機三架窺渝。八時卅分在官邸晚餐，雪艇即歸渝。夜讀書。十一時寢。

10月17日　星期四　晴　七十度

六時即醒，七時起。覆邵先生及適之各一電（昨夜寫就，今晨送發），又修改九月十七日陸大畢業講詞及七中全會時外交講話，並將七中全會時之三篇講詞重行校閱一過。中午為戴先生餞行，商啟予先生及余作陪，經國亦同席。餐畢有警報，到山舍小憩後復至余室中談話，約一小時而別。小睡至三時四十分起，轉呈王雪艇之抗戰軍糧計劃。四時偕季鸞同謁委員長，研究國際局勢。委員長認日美戰事必不可免，謂：國際戰爭有事前毫無跡象而突發者，未有形跡已成而不爆發者也。六時談畢，季鸞去。夜與季陸、元靖通電話，致吳達銓及季陸與李向議長電。十一時寢。

10月18日　星期五　陰　六十九度

六時醒。六時五十分起，大霧瀰漫，五尺外不能辨人影。處理私函數緘及外交件畢，八時偕自誠下山渡江歸渝。閱私函緊要者三件，擬撰文而不能速就，十一時到四組辦公室，批辦發文數件。十二時參加星期會談，到二十二人。餐畢，與貴嚴、作孚諸人略談後，仍至辦公

室，約唯果談話，遂歸午睡。健中兄來，談浙東敵氛漸惡。沈宗濂參事將南行，特來告別，並談計劃經濟之要點。沈君去後，閱六組批表呈件各二十餘件，聞仲回姪在永康溺斃，痛悼之至，晚餐不思食矣。夜處理四組呈件，芷町、實之來談甚久。邰爽秋件交望弟存。十一時就寢。

10 月 19 日　星期六　陰雨　七十度

七時卅分起。氣候陰溼，骨痛又作，且常患頭暈，已四、五日未癒矣。處理私函數緘。十一時卅分到辦公室，旋謁見委員長，報告關於組織巡迴講演班事，擬電宣傳部約教部及青年團商辦。十二時舉行黨務會報，到二十人。總裁對社會部與市府工作及統制工人加強同業公會事均有所垂詢與指示，二時散會。與文白、貴嚴談話，約岳軍至辦公室談川省軍政事甚久，並核發文電五件。四時舉行侍從室會議，於、王均來到，賀主任陪馬少雲渡江先行，余主席，決定加士兵衣服津貼，並成立合作社事。六時卅分歸寓，夜閱四、六組公事，與七弟談。十一時寢。

10 月 20 日　星期日　陰　七十一度

八時五十分起。六時即醒起，服安眠藥一丸，再睡二小時。雲南受訓人員鄭某來託謀事，正言勸誡之。謂黨政訓練班決不應作為進弋各位之階梯，切勿見異思遷也。吳德生來談工作志願及翻譯教典事，又介紹定海王育三來談農村經濟事，約一小時餘而去。轉呈邵大使巧電，郭大

使十九日來電。以將有蓉垣之行，囑陳清整理物件，並囑
宇高往訪慶祥取編纂事略之材料。午餐後撰擬中正大學開
學典禮訓詞（十月卅一日開學），補完十八日所撰之稿。
時迫事緊，亦不及求精矣。小睡至四時起，往訪劉自乾主
席，晤冷杰生、丁次鶴兩君，與自乾談卅分鐘辭出。至嘉
陵賓館往訪馬少雲主席，聞患瘧疾甚劇，託其左右代致問
候而歸。自誠來談，閱六組件，覆私函三緘。夜歸老鷹
岩，十一時寢。

10月21日　星期一　雨　七十度

六時五十分起。七時卅分偕允默由老鷹岩動身返
渝，到寓為八時十五分。處理私函六緘。九時到侍衛長
室，舉行區黨部第三次執行委員會議。鄒、唐、李、羅、
蕭均到，報告過去情形畢，討論如何整頓小組會議及訓練
士兵。又決定成立中山室，十一時散會。訪貴嚴，談外交
與軍事。今日接邵電，轉來史覆函，下午又接邵致余一
電。午後小睡，至二時卅分醒。閱六組情報十餘件（以
十四、十六、十八與英美大使談話錄命全部保存）。陳伯
南來訪，滄波來談甚久。七時後芷町、唯果來談。核辦四
組呈件十四件、代批六件，修改軍事教育會議、警校、中
訓團訓詞三篇。十一時寢。

10月22日　星期二　雨　七十二度

八時起。昨晚服藥兩片，睡眠較深，起床時猶朦朧

欲睡也。谷正綱部長來訪。閱報及參考消息畢,接委員長電話,命赴山中官邸。十時動身,順道訪貴嚴,詢馬少雲病狀,並談出發事。過江以汽車陷入泥塗,雇工推挽甚久,至十一時卅分始抵黃山,即謁委員長報告各事。委員長示余以邱吉爾十八來覆函,並命擬覆史君函稿。午餐畢,攜呈核定,即乘車歸,徐會計學鏗附車同歸。發代電五件、電一件,又致雪艇函一件(為日蘇互不侵犯之論文)。小睡醒已五時矣。擬訪馬夫人,因時遲未果。閱六組件廿八件、批表十八件。夜處理私函八緘。與賀秘書長通長途電話。盧作孚局長來訪談甚久。與芷町研究預算案,十二時就寢。

10月23日　星期三　雨　七十度

七時卅分起。九時往謁馬書城太夫人於嘉陵賓館,並訪馬少雲,詳談寧夏軍政約一小時。十時卅分到官邸陪客。晤星樵、伯南、惺甫、大維等諸人。惺甫先生奉派去滇,慰問被災民眾,奉委座諭,飭振委會再撥振款二十萬元。退至辦公室發電及代電三件,又核轉手諭二件,改撰第九戰區政工會議訓詞。十二時卅分回寓午餐畢,睡至三時始醒。近日公私函件更多,處理殊感繁冗。五時卅分到辦公室,與芷町研究手諭歸。閱六組情報廿八件,夜約公展、唯果來商關於推進理論宣傳及組設巡迴講演班事,直至十一時卅分畢。十二時寢。

10月24日　星期四　晴　七十一度

　　七時卅分起。八時往張公館訪吳達詮先生，昨日甫自貴陽來此也。談省政及國際大勢約一小時餘歸寓。閱呈電報二件。十時到宣傳部，參加商討巡迴講演之辦法。到張書記長文白、顧次長一樵及公展、孝炎兩同志，由雪艇主席，決定組織視察團，分六組出發，先在川境開始。十二時會畢，又與雪艇談理論宣傳事。一時歸午餐，餐畢小睡，至四時始醒。謝蘅牕君來談，擬從事於煉鐵事業請求補助。積祚來，未與詳談。整理書篋，將各種小冊分類歸藏之。碌碌兩小時，仍未竣事。閱六組呈件十一件，處理四組文件八件，發代電一件。夜羅隱柔同志來談。十二時寢。

10月25日　星期五　晴　六十九度

　　七時卅分起。八時張季鸞君來訪，談時局及青年問題，與對蘇外交。九時卅分去。十時江一平君來談，本擬偕同謁見委員長，嗣知今日上午不回渝，乃送之歸。十時五十分發空襲警報，十一時敵機到涪陵等處肆虐，旋於一時許入市空，俯衝投彈，城內及新市區均有毀損房屋者，通遠門、臨江門等處尤甚。三時警報解除，小睡一小時餘。四時卅分往見委員長，研究邵大使發來之數電，囑先電覆，旋又取消之。在四組辦公室閱定行政院關於明年概算之簽呈。六時委員長約見達銓、亮疇、岳、楚、雪諸人，改發邵大使電，八時卅分歸寓。博生來談約一小時。

與立夫通電話，處理雜件。至十二時寢。

10 月 26 日　星期六　晴　六十八度

七時卅分起。閱呈要件四件。以將有成都之行，整理物件，並將久擬答覆之函件趕寫。覆希聖、百川各一函，致貞柯、鶴皋、志城各一函，致王冠青君一函。十一時有空襲警報，十二時敵機入市空，在城內陝西街等處投彈甚多。商業區之僅完好者亦受損害矣。二時警報解除。午餐後小睡至三時卅分醒。繼續整理箱篋，接大哥覆電，言仲回身後各事，為之淒然。閱六組情報，將關於戈思默情報提呈，以今日委員長接見戈氏也。七時晚餐後處理四組各件，為時甚久。留致四弟一函，文白、芩西、佩箴先後來訪，直至十二時卅分始寢。

10 月 27 日　星期日　陰　六十六度

八時起。昨睡太遲，精神不舒，且略有頭痛。九時芷町來，候出發消息，並談宣傳之進行方法。十時發空襲警報，聞敵機三批襲川，芷町遂留余處談話。旋唯果挈眷來余寓，其兩幼孩極活潑可喜。午餐後始別去。囑唯果起稿，為委員長電謝瓊思，余核正後即電宋君轉去。接世和電話，乃知今日不成行，擬延展至星期二再定。今日以汽車夫不負責，陳清復不善處理，不禁發怒。事後思之，徒傷精神，殊無益也。午睡未成，喉際作痛。晚餐後無所事，閱七、八、九月舊報，核四組件六件、六組呈件八

件，十二時後始寢。

10月28日　星期一　晴　六十五度

八時起。天氣較昨更寒冷，喉痛仍未痊癒。接委員長電話，命轉告新聞檢查局，禁載要求加薪之新聞。滄波來談劉光炎君事，為致書傅生，請其酌宜留用。今日侍四弟不至，甚為想念，彼之行篋已至，而以事轉遵義，將作三日留，恐彼來而余已赴成都，又須遲至一月後始相見也。接貞柯來函。午後滄波再來談，志趣之間，終覺格格不能相入，甚惜其資性本穎，而器識不能宏遠，為之悵惜不止。壽毅成兄來談，以子翰事託之。四時小睡醒，往謁委員長，交下二十年事略一冊。芷町等下午飛蓉。傍晚閱六組情機二十二件，覆力子先生咸電，又處理四組呈件六件，核定發文三件。閱委員長二十年二月講詞四篇。抄存法大使談話錄。十一時寢。

10月29日　星期二　晴　六十九度

八時起。閱外交電八件，校閱法大使談話紀錄一件。九時卅分奉諭赴對岸一談，以候車直至十一時卅分到達，即謁委員長知成都之行將暫緩二、三日再定。口述致郭使電稿，並命向外部索閱郭使有日兩次來電（談中印合作及平衡基金借款與增加信用貸款），分達戴院長及孔。退至國華處略談，並訪世和，遂渡江歸。午餐後與徐次長等通電話，略睡起，往訪貴嚴主任，談出發各事。閱六組

呈件九件，四組呈件十一件。夜鄭西谷廳長來訪，唐國楨、呂曉道二女士來訪，談國民參政會事。致孔函，擬發戴電，明日發。十二時寢。

10 月 30 日　星期三　陰　六十八度

八時起。今日頭痛喉痛仍未癒，閱四組發文六件。擬致各戰區長官指示國際局勢並勗勉加緊努力之電。發寄憐兒一函。上午允默進城，至一時始歸（為匯寄黎叔款項）。午餐後小睡一小時餘，有極奇異複雜之夢境，夢見唯果與人拳鬥，傷要害，致不能言語。文白、芷町偎倚其傍，余無言以慰之。醒後心頭作惡。閱花溪閒筆全冊，吳達詮所著述，在黔從政之經驗，恐尚有未能暢言得失之處。凡人一居負責地位，言論即不無拘忌也。閱四組呈件十一件、六組呈件十五件，核改六組發文一件。滄波又來談。接甬電，崧甫先生逝世，殊可痛悼。夜畏寒，似有微熱，精神不舒。七弟、皋兒來談，毓麟來談。十一時寢。

10 月 31 日　星期四　陰　七十度

八時起。昨晚服安眠藥兩丸，洗澡後就睡，故睡眠尚酣適，約睡足七小時，晨起精神乃較佳矣。余近來之身體精神大半視睡眠充足否為轉移，然長服安眠藥則影響腸胃，不服則睡眠不佳，誠無可如何之矛盾現象也。今日氣候轉熱，余之喉痛仍未癒。喉端右側紅腫，俗所謂小舌頭落者，已將五日，用鹽點及漱口藥水鹽漱均無效，且每至

傍晚必加劇，然無白點，即非喉疾也。杭立武來訪，談對英外交。十一時委員長約往談，以二十年事略第二冊交余，命將主義與宗教關係篇重加審酌。余即報告數事，以將見卡爾大使，遂退。閱四組發文十件，致崧老唁電。午餐後國華來，攜來要卷二夾：（一）外交，提案、人事機構及密函；（二）外交特件。為一一整理後藏之於鐵箱。今日遂未午睡。辟塵來談仲回逝後之情形，為之悽悵不已。四時後覺疲倦，小憩約十餘分鐘。閱六組情報批表十八件，敵人撤退南寧後，有準備兩星期後南進及集中發動華中進攻之說，然尚無增調兵力之跡象，殊堪研究。閱四組呈件及廿八年工作考核會呈送各表，至九時完畢。十一時寢。

11 月 1 日　星期五　晴　七十度

七時卅分起。接黃山電話，九時卅分約董顯光君同過江，十時五十五分到達，即同謁委座。閱上月卅日美大使詹森口誦之美政府覆文稿及卅一日英大使面交之英政府覆電。美國覆文較詳，除對我抗戰表示欽佩外，並申述美國現時所致力者，在與軸心國爭取時間，美國正在努力增加生產，並統制生產，期使出產品在量與力上足應美國之要求，並應「為生存奮鬥」諸國家之要求。美國傳統政策在未有行動前不願受任何約束，然為維護其向來尊重之原則計，願採實際和平之步驟，與各國作共同行動。且認中美兩國利益多相符合云云。英國覆文較簡短，而概括約有五點。委員長閱後命余將此兩件摘要告宋子文先生，託其轉致郭、胡兩大使，並囑面告美當局，在年內務必接濟我以飛機二、三百架。須知中日戰爭，以此半年內，尤其本年之內為重要關鍵云。退就辦公室起草電稿，至一時完畢，攜往山舍，親呈核定，即同午餐。在山色青蔥下之庭外進餐，別有靜幽之致也。二時回室小睡，三時醒。承命起草談話要點一件，四時卅分王外長、徐次長謁見委員長，將兩國覆電及談話要點共同斟酌。六時與王徐同車歸。七時抵寓，四弟已自遵義來此，相見懽然。以法租界法院將移交，電告驪先注意。夜閱六組件十五件、四組件十八件，與芷町、自誠通長途電話，與四弟談至十一時卅分寢。

11月2日　星期六　晴　七十二度

七時卅分起。陳博生君來談中央日報事，彼已於卅一日接任社長矣。與雪艇通電話，談英、美、蘇外交近訊。九時四十分過江，十時四十分到達。將外交部擬呈修改之件面呈委員長。與岳軍通長途電話後，請示委員長，謂應頒發一書面之閉幕詞（致川康經濟建設委員會）。退回辦公室，閱批表及外交電，請胡醫官來診喉疾。一時到官邸午餐。委員長似有所沉思，余約略報告數事而退。略睡一小時即醒。擬川康經濟委員會閉幕詞，六時偕國華渡江歸。夜望弟、實之為四弟接風。余至官邸，承命致宋電，即交國華發。閱四組呈件十餘件，十一時卅分始畢。十二時卅分寢。

11月3日　星期日　陰　七十八度

七時十五分起。接委員長電話，命檢呈與美使卅一日談話稿。又川康經濟委員會閉幕詞，奉核定照辦，即電賀秘書長轉知。接國華函，送來外交電六件。閱六組批表十二件，與貴嚴主任通話，擬明日囑赴蓉人員歸渝。十時往官邸，晤見經國、緯國昆仲。緯國學成歸來，身體較出國前健碩，彬彬有禮，殊可喜也。委員長命改發宋電，並擬對美提出之方案。歸寓後整理對照，擬改易宥電內容，後知該電已寄港，由子安轉發，乃補充一番。午餐後將方案擬就，招國華來寓，面交其攜至黃山，且函呈委座，告下午不能面謁也。與唯果談甚久。小睡直至五時始醒。閱

二十年五月蔣先生事略。晚餐後批辦四組呈件十八件，殊
費力，十時始完。與四弟、九妹、細兒談家鄉事，直至
十一時卅分始就寢。四弟告余鄉里近狀及親朋雜況，此心
馳越於雞山甬水間，今晚情緒，殆三年來所未有也。

11 月 4 日　星期一　晴、夜大雷雨　七十九度

　　七時卅分起。盥洗畢，即往國府參加紀念週。由白
副總長報告最近軍事情形，約一小時餘畢。接開國防最高
委員會第四十四次常會，孔主席、張秘書長未到，余為代
行其職務。議決要案六件，十一時卅分散會。歸寓閱第六
組情報十餘件，小睡一小時餘，與芷町通長途電話，知彼
等暫留蓉不歸渝。五時李中襄君來訪，談新聞檢查局事，
留之晚餐，七時卅分別去。李超英同志來訪，談特種經濟
調查處工作，余為指示工作要點。八時後處理四組文件。
十二時寢。

11 月 5 日　星期二　晴　六十八度

　　七時起。昨晚未服藥，乃早醒，殊感睡眠不足也。
與四弟談一小時許，交細兒學費六十元。核定本處上月份
用費報銷。十時許覺寒冷而疲倦，小睡又起。晏甸樵君來
訪，談戰地黨政委員會工作情形，以久不相見，長談至
十二時後始去。午餐畢小睡，乃極沉酣。三時起。與岳軍
在長途電話中通話。唯果來談三民主義週刊事。傍晚貴嚴
來談。閱六組情報二十件，核四組發文十二件，呈表等五

件。七時應文白之約，往其家會餐。到葉、陳、朱及青年
團幹部共十六人。餐畢會談，至十二時寢。

11月6日　星期三　雨　六十四度

七時四十分起。閱情報批表十餘件。十時戴自牧君
攜岳軍先生來函來訪（內附錢新之、周作民函），談約
二十分鐘而去。研究張函，並向第六組調集材料對照之。
十一時卅分往見委員長，面呈張函，並將雪艇預擬之致羅
斯福賀電呈核。十二時孟餘來謁見，陪同午餐。委員長力
勸其任國防最高委員要職，顧始終堅辭，邀至余室與詳談
二十分鐘，然顧君之意終不可回也。歸寓疲甚，小睡起，
應召往官邸，奉交下改正賀電稿，囑就商王外長及雪艇。
訪王外長，未晤，與雪艇詳酌後再呈閱。傍晚得消息，羅
斯福已當選，即發出之。夜晚閱六組、四組各件，十一時
畢。十二時寢。

11月7日　星期四　雨　六十一度

七時五十分起。昨晚未服藥，睡又不佳。閱各報社
論，與雪艇商各省市參政員之件。九時往謁委員長，商張
函。抄呈外交密件（對美）一件。歸寓後適季鸞來訪，請
示後陪同往見。談國際形勢及內政上應注意之點，十一時
退。歸寓與騮先等通電話，以戴院長仰光來電摘呈。十二
時再往謁委員長，命電方治、劉真如兩君，又口授要旨，
囑告錢、周兩君。今日侍談較久，以中樞各機關人事情況

陳述頗詳。余意事勢遷，則人員之更動宜少，以生人應新
局為政治上之大忌也。一時歸午餐。芷町自成都歸。國成
來訪。小睡至四時卅分，再謁委員長而歸。蕭錚來談。夜
閱六組、四組件，與芷町談甚久。並約唯果來談，青年團
問題與食糧問題。與立夫在電話中接談改善教育界生活問
題。十二時後就寢。

11 月 8 日　星期五　陰　五十八度

　　八時卅分起。閱外電數件，轉胡大使來電，並辦發
關於戴院長請求添派人員等件。十時往中央黨部訪楚傖，
未晤，留書而出。與楊佛士略談。十一時到新村訪張君
勱，談民族文化學院事及內政外交，至十二時卅分歸午
餐。發方、劉（真如）電。唯果攜譯件來談。與岳軍通長
途電話。小睡至三時卅分起。處理私函九緘。對農行常務
董事決計堅辭不就。閱六組情報及批表各十餘件。雪艇約
談參政員事。核國防最高委員會電稿。唐乃建組長及錢用
和、周佩箴、朱宗良諸人先後來訪。唐國楨來，未接見。
七時晚餐畢，處理四組呈件至十時始完。往訪王外長，略
談歸。擬致宋電。摘情報。一時寢。

11 月 9 日　星期六　陰　五十五度

　　七時卅分起。八時劉秘書頤序（宋之秘書）來訪，
以電稿交彼拍發。毓麟來，囑譯函件。九時博生來談，謂
日本朝日記者本田宇之助到港，可注意。十時到中央秘書

處商談各省市會推參政員候選人事，到朱、王、葉及余五人。並談下屆人選分配原則，直至十二時四十分完畢。歸寓午餐畢，疲甚小睡，至三時卅分醒。核國防委員會稿件六件。四時渡江去黃山。今日委員長上午約美大使，下午約見英大使商談遠東問題。六時謁見，報告對于敵人和平攻勢之觀察。七時隨委員長渡江歸。往祝王外長六十歲生辰。晚餐後閱四組件。七時皋兒來。十一時就寢。

11月10日　星期日　晴　五十五度

八時卅分起。李世璋（湘西人，程頌雲秘書）介張劍鋒來訪，談訓練團本期受訓情形。牟震西來訪，談本黨之社會政策。震西有意入社會部作事，已為函薦矣。客去後，閱六組情報十餘件。十一時卅分到官邸（四弟同去），會晤何總長、白副總長及程、商諸人。商主任明日接新聞檢查局事。今日委員長見賓客甚多，四弟不及謁見，遂歸寓。小睡至二時卅分。到四組辦公室核批呈件後，聞委員長將渡江，即與國華、望如兩君同車赴黃山。至七時始知今晚宿曹家岩，乃與國華同歸。夜核定六組發文四件、四組發文六件，改定游擊幹訓班訓詞一篇。呈郭大使佳電，並即辦覆。十一時卅分寢。

11月11日　星期一　陰　五十五度

八時起。昨晚睡眠不佳，晨起殊感疲倦。閱情報數件，抄呈希聖之報告一件，縱論世界大勢，以經濟觀點推

斷國際變化與中國前途，目光四射，洵佳著也。讀此一
文，則一般皮裡陽秋之論為不足觀矣。十時陪同四弟叔謨
晉謁委員長，垂問殷殷，約十五分鐘而退。經國民政府，
晤楚傖接洽明日國父誕辰祝典。歸寓後見客。十二時卅分
午餐畢，處理私函八緘，閱國防最高委員會文五件，小睡
至三時卅分起，閱果夫所呈三民主義經濟制度與政策，簽
具意見呈閱。夜芷町來，接洽公事。聞岳軍將主川政，國
防會秘書廳事將命余兼代，自顧身弱事繁，何堪兼任要
職，為之煩憂不寧。與四弟及澤永等略談後，服安利納治
兩丸，十一時就寢。

11 月 12 日　星期二　晴　五十八度

七時卅分起。八時往國府參加國父誕辰典禮。林主
席作報告，九時禮畢。偕雪艇往謁委座，商下屆參政會
事。九時卅分隨委座赴軍委會，列席旁聽委員長對糧食會
議各縣長之訓話。十一時偕唯果、作孚同車歸寓。志希
來，詳談中大學生為伙食請願事，約一小時餘。翁詠霓兄
來，談農本局與軍衣供給事，直至一時卅分始得進午餐。
餐畢，辦發要函三緘。二時四十分渡江到汪家花園訪季
鸞，談至四時卅分與同至官邸謁委員長。六時回余室續
談，晚餐後去。八時再謁委員長，辭國防最高委員會兼職
未獲允准。十一時寢。

11月13日　星期三　晴　五十九度

八時起。核呈四組來件六件，後考慮國防最高委員會兼職事，身覺心思繁亂。余扶病視事，實已竭蹶不堪，近二、三月來，可云無保留的將精力全部使用，而本職尚不免荒廢，何堪再加重負。然委員長堅持余兼代，則其安排人事當亦有相當苦心，又不能不勉允，為之奈何。上午外出散步，與世和、國華等閒談。十二時卅分至山舍，與委員長及緯國午餐，餐畢報告數事。二時卅分由對岸動身歸渝，小睡片刻。步青來訪，由四弟代見之。德哥來，竟不及接談也。處理雜事，至五時始畢。與胡煥庸君談中大事。芷町來，與商秘書廳事。七時三民主義周刊宴客於一心飯店，余為主人之一，亦往參加。到者七十餘人，可謂盛會。與立夫談學生膳食費救濟辦法。九時歸。戴自牧君來訪。又與唯果討論今後之工作分配。十一時卅分洗澡後就寢。

11月14日　星期四　晴　六十度

八時起。遣車往接季鸞（自南岸來），九時來談對於日蘇互不侵約之觀察，約二十分鐘而去。九時卅分往國民政府參加預算委員會，到孔、孫、于、何、鈕及王外長等，軍政部代表五人列席。對戰費概算詳加說明，余亦起而陳述關於教育文化費概算之意見，結果略予追加通過，送國防委員會，散會已一時矣。午餐畢，略睡即起。核閱六組文件及國防委會秘書廳文件，各十件。閱呈陳大使來

電（十一日發）。傍晚齊世英、蕭錚、羅霞天三君來談，
約一小時。七時晚餐畢，處理私函八緘。又核辦四組呈件
十五件。研究學生教職員膳費救濟辦法。滄波來談。十一
時就寢。服安利納治二丸。

11 月 15 日　星期五　陰　六十度

八時卅分起。覆私函五件，修改對參加糧食會議縣
長訓詞，至十一時完畢。待盧縝生劉壽朋兩君不至，作孚
曾兩度來訪，未晤。以電話約之，則又以事外出矣。十二
時往官邸，與顧孟餘君談話。旋即參加會談，今日到十九
人。陳博生、張子纓、郭斌佳分別報告。餐畢與可亭談公
務員生活救濟辦法。與楚傖、雪艇、亮疇均略談。二時卅
分歸寓午睡。為電話驚醒，未成眠也。岳軍自成都來長途
電話，與之詳談。四時委員長約往，報告國防最高委員會
議程等件歸。覺疲甚，實之弟來，邀之共餐。核辦四組文
件十九件，往訪王外長談對德外交。十時歸，十一時寢。

11 月 16 日　星期六　陰　五十五度

八時卅分起。氣候驟寒，而連日睡眠不足，腦筋脹
痛，手足發冷，甚感不舒。十時徐可亭君來，談下年度概
算事、公務員生活救濟辦法事及糧食管理事。十時五十分
劉壽朋、朱雲光、吳鍊才三同志來，談國防最高委員會
事。午餐畢，小睡未合眼，以餐時對僕役不講整飭曾發怒
一次也。午後閱六組批表九件、情報二十二件。接陶希聖

君寄來報告：「莫洛托夫柏林之行」，即為轉呈。傍晚自
誠來，閱定校閱海空軍人員訓詞一件，並以對縣長訓詞交
其呈閱。夜驥先來談甚久。知星期評論已出版。核四組文
件。擬呈國防經濟部件。十一時卅分寢。

11月17日　星期日　陰　五十六度

八時起。考慮國防最高委員會秘書廳之工作，決定
約芷町、唯果兼任參事，以資佐助。上午客來甚多，不及
一一接見。十一時卅分參加黨務會報，與雪艇、驥先、亮
疇諸先生洽事，並向委座報告數事。奉諭派兼代國防最高
委員會秘書長職務。今日會談時間甚長，委座對本市供給
平價食糧事飭何副局長、吳市長從速實行，限期甚迫。餐
畢，即約同至余室，草擬辦法。何君表示有難色，中道辭
去。即囑芷町與吳市長商擬，余先歸寓小憩。四時芷町以
擬就之辦法送來，即攜往呈請委座核定。五時後繼續研
究，略加修改，即晚辦發。夜閱星期評論。十二時寢。

11月18日　星期一　陰雨　五十四度

七時卅分起。赴國民政府參加聯合紀念週及社會部
谷部長就職典禮。孔先生報告，長達一小時，故散會甚
遲。與靜仁、伯聰、叔常諸君等接洽各事。十時國防最高
委會舉行第四十五次常會，通過卅年度國家總概算案及公
務員生活臨時補助辦法，至一時許始散會。歸寓午餐畢，
小睡至三時起。核閱六組情報二十件，即渡江赴黃山，與

季鸞同謁委座,復退至余室商談有頃。再請示委座後,八時卅分仍渡江歸。夜閱國際通訊等雜誌。十一時寢。

11月19日　星期二　晴　五十五度

八時起。以車送季鸞到機場,彼今日赴港,託帶去致希聖一函。九時蔣伯誠君來談滬上情形,謂我方工作人員萬不可以撤退,且表示願冒險回滬,其志可佩。十時新任甘省主席谷紀常君來談治甘方針,知其安排人事甚費苦心。谷君雖為軍人,年來在湘西經歷宏多,深諳治理。談約一小時而去。午後小睡約一小時,閱六組情報多件,並處理私函。雪艇以電話商參政會事甚久。傍晚覺傷風頗劇。驪先、立夫先後來談。夜核閱四組文件,直至十一時始畢。就寢已一時矣。

11月20日　星期三　晴　五十四度

七時五十分起。連日睡眠又大感不足,傷風喉痛,仍不能不照常視事也。閱參考消息畢,芷町、唯果來,即與同車至國防最高委員會秘書廳視事。接見秘書室主任及組長、參事、秘書與各專門委員會主要人員,約二十餘人。分九批接見,詢問一切,並發表陳、李兼任參事。黃少谷君請辭,原呈送還,並囑唯果往挽留之。一時卅分歸寓午餐。餐畢閱六組情報件,並與唯果談外交件。小睡竟未合眼,似又因過度疲勞而有不支之象矣。三時李幼椿君來談,約一小時。五時文白來訪,對余兼職冗繁甚表關

切，勸以節勞，可感也。夜閱四組呈件。九時卅分往訪貴
嚴主任，談蓉垣各事，十一時歸。十二時寢。

11月21日　星期四　陰　五十七度

　　七時四十分起。今日發表應紹鈞為第四組上尉書
記，應君昨晚未見，為中央大學畢業生，殊彬雅可喜，佳
士也。八時卅分到辦公室，迎果夫，又同訪貴嚴。九時參
加本室研究大會，由果夫講黨史，以有事先退席。十時到
秘書廳，劉壽朋君來談。十時十分到總長會議室，參加會
談約二小時。承何、白兩公之託，與楚傖研究覆電稿，為
斟酌修改其字句，心繁腦滯，勉強為之，至二時始歸寓。
二表姊來同午餐。餐畢唯果、定榮二君來談青年團概算
事。三時就床小憩十五分鐘，未入眠。三時卅分雪艇攜參
政會各件來商，適健中來，即出見之，與談十五分鐘，匆
匆別去。與雪艇談商至六時始畢。七時卅分晚餐，閱六組
十二件、四組文件十五件，函楚傖商參政員審查會開會
事。今晚七弟、辟塵均來寓。十一時寢。

11月22日　星期五　晴　六十度

　　七時卅分起。傷風較昨日稍劇，而連日事繁，頗感
疲倦也。晨起，批閱侍從室積件，唯果來談，並攜來覆林
百樂之答案，為審定而寄發之（明日清繕寄董顯光轉）。
十時秘書廳唐鴻烈秘書來，指示要點，囑往訪魏秘書長。
十時後客來不止。吳達詮主席來談川省政務，顯光、同茲

來談宣傳事，沈衡山、謝鑄陳來訪，均未見。午餐已近一時，餐畢小睡，約一小時起。秘書廳送來參政員文件，六組送來情報，即為核閱。函楚傖請召集審查會。傍晚芷町來，商秘書廳事。唯果來，商專門委員會事。夜成惕軒來談，擬任為秘書。閱四組件，十一時始畢。十二時寢。

11 月 23 日　星期六　陰　六十度

八時起。昨晚睡眠尚佳，傷風未癒，亦未加劇。公展清晨來訪，談圖書雜誌審查事。處理私函六件後，九時卅分到秘書廳，批閱公事，與滇生、壽朋及唐秘書接洽各事。竺鳴濤處長來談陳子廙秘書事。十一時吳主席達詮來，借同過江謁委員長。適作孚、淬廉往謁而出，談糧食管理辦法甚久。旋即與吳同入見談內外政治，至二時始畢。送之到汪山，余即渡江先歸。接季鸞第三函。閱六組情報及批表各二十餘件、秘書廳公文七件，又核閱發文（侍從室）八件。本擬往老鷹岩小憩，以事多未及成行。夜王芸生、丁文安來談。賀主任貴嚴來談。閱作孚等擬呈奉准之糧食治本治標辦法。與四弟談。十一時卅分寢。今日傍晚蘇大使館突派漢文秘書費德林訪李秘書，言潘大使有極要事要求即見委座，此殊失常禮，請示後婉卻之。告以委員長無暇，明日定時後再約。有要事可見外交部長，於禮應如此也。邵大使到蘇半年，未及見史氏，平等待我云乎哉。

11月24日　星期日　陰　六十度

八時起。今日允默回老鷹岩，以家務需人料理，而姨氏太寂寞，恐其傷感也。閱國防最高委員會之附屬機關組織，並考慮人事。唯果來談頗久。接希聖二十一日發函，並摘呈羅集誼之來函。午餐畢，覺疲甚，而頭痛傷風未癒，皋兒為配藥治之。范鴻仙先烈之女雪筠來訪，以午睡未接見也。三時到曾家岩辦公室，四時謁委員長，報告食糧問題，與致川各縣長電，並及文化學院事，匆匆未及詳陳。五時卅分歸寓，夜處理私函十緘。接季鸞敬電，內容殊奇突，姑置而研究之。毓麟來談組務甚久。旋立夫來談，至十一時始去。整理本日文件畢。十二時寢。

11月25日　星期一　晴　五十八度

七時卅分起。八時到國防委員會秘書廳參加紀念週，對各職員講話約卅分鐘。退至辦公室，核辦文件七件，約盧主任秘書來談廳務，並發岳軍先生一電。十一時卅分歸寓，接錢新之自港來電。向午聞有敵機西襲川境，旋即折回。芷町來談公事，二時始去。小憩一時餘乃起。傷風加劇。閱六組情報批表共三十餘件，外交電七件，以張、錢來電檢呈委座，並作覆函託董君明日寄出。五時卅分到新村二號，舉行民族文化學院董事會，討論預算，立夫來共餐。七時卅分到騮先家參加中央研究院同人敘餐。至九時卅分歸。閱四組九件。研究解決物價問題意見。十二時卅分寢。

11月26日　星期二　陰　六十度

八時四十分起。今日傷風更劇。喉管澀痛，咳嗽亦頻，甚感不舒，遂未去秘書廳辦公。唯果來談甚久，並述各專門委員會秘書之期望。閱六組情報十餘件。處理私函數緘。午餐不思食，購麵半碗食之。實之攜楚傖先生起稿之呈覆來會簽，為統一東北團體組織事。午餐後略睡至四時起。閱六組呈件及外電，接張第四、五函錢一函，即晚七時送黃山呈閱。今日上午發錢、張各一函（廿五日件），下午奉電諭後，續發錢、張合一函。夜傷風較重，早睡。以芷町來談，直至十一時始睡。

11月27日　星期三　陰　五十九度

八時五十分起。委員長以電話諭示數點，詢致錢張之函件如何，遂又續寄一函（下無發出）。十時四十分應何總長約到軍委會開談話會，討論特種問題。十一時四十分散會，到秘書廳，處理公文六件。歸寓午餐畢，閱六組呈表各件。小睡即起。整理參政會文件。三時到中央黨部，參加國民參政員資格審查會。今日審查甲、乙、丙三項之資格，七時散會歸寓。傷風益劇、四肢疼痛、實不能支，官邸約晚餐，遂未赴也。夜芷町來談。十一時寢。

11月28日　星期四　雨　五十八度

八時起。接季鸞來電，九時卅分往謁委員長，報告昨日上下午會議之情形，並及中央設計局與考核委員會之

人選意見，談約二十分鐘而退。閱外交電數件及講詞稿一件，研究朱、彭佳日來電。向午接錢（廿五）、張（廿六）各一函。午餐後與唯果談對蘇、對美之外交及三民主義周刊事。二時小睡至三時卅分起。四時委員長招往談，詢陳大使介電所謂MORAL之意義。以錢、張函呈閱。奉命電覆之。閱六組批表呈件及邵秘書毓麟之研究報告。約叔謨來談工作。夜梁均默來談甚久。十時後閱四組文件。十一時芷町去後，核改講稿二篇。十二時卅分就寢。

11月29日　星期五　陰　五十四度

八時起。昨晚就睡已遲，因未服藥，遂致失眠。計入睡時當在上午三時以後，而又屢屢驚醒。起床以後覺精神不支，乃請假一天休息。閱報紙及參考消息後，十時卅分再睡，直至下午三時起。精神稍復，而週身發冷，且有腹瀉之患，以近日食不易消化之物過多也。在寓不思作事，閱六組批表及呈件，後讀林語堂所著「四十年來之北京」。夜芷町以四組公事來呈閱，並談秘書廳工作。至十一時卅分就寢。

11月30日　星期六　晴　五十一度

八時起。傷風未癒，又患腸炎，昨晚雖服藥而屢屢腹痛，故睡未穩也。今晨起後，精神頗委頓。處理私函六緘。發允默函一緘。閱參政員件七件。又核改「對出發各縣協助糧食管理之憲兵訓話」稿一篇。本欲去秘書廳，終

於不果，以電話告盧主任及朱組長，請其將議案送來。十時廿自明來談設計局與職位分類委員會事，強起酬應之。客去後乃覺疲極不可復支。為長途電話多阻梗，病中音弱，不能高呼，乃大不懌。斯時覺頭痛仍烈，心跳亦甚劇，遂具書向委員長請假。以中午約各常委午餐，商談要事，余於例宜往，今如此則不敢勉強矣。上午瀉五次，下午二次。唯果來慰余疾。自十一時至一時，略得安睡，以後即偃臥休息。接張君廿七、廿八兩函，旋又接錢、張二十九日所發各一函。徐景薇君來訪，延之登樓，談十分鐘而去。自五時至八時又安睡三小時，起來乃覺稍舒。延胡醫來診腹疾。芷町來略談。十時五十分洗澡寢。

12月1日　星期日　晴　五十五度

　　七時五十分起。腹痛甚劇，而瀉不暢利。今日遂未赴國民月會，閱報端所載，敵汪簽訂之偽約全文，知其尚有不公布之部分也。接新之、季鸞各一電，敵之狼狽失態，可謂無所不至。十時聞有警報。金誦盤兄及胡醫官來為我灌腸，然瀉出之液汁不多，蓋患在結腸，不在腸之下端。十時卅分唯果攜眷來避警報。其子纕七歲，頗解事，見余謂余消瘦矣。一時警報解除。二時後小睡。雪艇來電話兩次，趙敏恒、王芸生均來電話，商宣傳事。午後睡三小時至六時始起。芷町攜文稿來，未及閱，雜談半小時去。十一時寢。

12月2日　星期一　晴　五十八度

　　七時五十分起。腸患仍未癒，腹部不時作痛。遣唯果、毓麟出席紀念週，聆總裁訓話，余以病不能久立未往也。九時紀念週完畢，乃往參加國防最高委員會之常會。孫、馮、孔均有報告質詢之詞。白健生談對於十八集團軍、新四軍之處置，所言極精覆，此君見解有進步矣。十二時會畢。歸寓午餐後，小睡至三時始起。修改何、白二公覆朱、彭等電稿，為芷町所擬，文氣甚葱鬱，而用語稍嫌生硬，為加入數語並潤色之。處理私函十緘，夜芷町來，核四組公事。十二時後寢。

12月3日　星期二　陰　六十度

　　七時卅分起。昨晚與四弟談甚久，就睡當在一時後矣。自報端讀總裁演詞要點及對外國記者之談話。唯果來談，美大使日前謁委座及蘇使第三次謁見情形。十時蔣伯誠、杜月笙兩君來訪，晤談甚久。月笙攜來希聖函，附研究報告二件，論議精刻，搜羅廣博，佳文也。接新之、季鸞各一函。松岡之可笑洵無以復加也。整理摘錄後送黃山呈閱。午餐後小睡僅卅分鐘。貴嚴主任遣許秘書來，攜致各戰區省府電，囑核閱，即閱定而歸之。四時以繕正之覆電稿送敬之總長。閱六組情報十八件。成秘書惕軒來談。芷町、滄波來談。閱四組文四件。十二時寢。

12月4日　星期三　陰　六十度

　　七時卅分起。昨晚委員長以余病，手諭慰問，囑靜養勿工作。國事叢脞中，猶垂念如此，安得不感激圖報乎。今日腹疾似已癒，而精神稍覺委頓。十時盧滇生、劉壽朋兩君來，談國訪最高委員會秘書廳各事，約兩小時而去。壽朋將去成都行轅，懇辭現職，以秦振夫秘書代理，即日條委。雪艇以電話與余談參政會事甚久。函楚傖先生，于本星期內再開一次審查會。以談話過多，腦筋脹痛。午後小睡一小時餘，恍惚未熟睡。起後閱公私函件，心煩不已。皋兒來，未能與談話也。服Ipral丸後，合眼小憩，始稍癒。處理公私函札十六件。改定覆朱、彭電呈核。芷町來談糧食問題。十二時寢。

12月5日　星期四　陰雨　五十五度

八時卅分起。腹疾似已痊癒。批辦國防最高委員會文件五件。整理積存之件。致岳軍一長函，告近狀，並商秘書廳各事，且以中樞外交情形略告之。擬訪達詮，知其外出未果。核定本處上月份報銷，連臨時印刷費共達二千六百元，未免太鉅，條示竺副官囑注意節省。午餐後攜陳清同赴老鷹岩，擬作兩日之休憩，因星期六下午有會議也。既至山舍，覺較渝市寒冷，添衣乃暖。往訪孟餘，談一小時歸。夜與家人閒談。十時就寢。

12月6日　星期五　陰　五十六度

八時五十分始起。山中寂靜，心緒轉為寧謐。惜天陰微雨，不能出遊為遺憾耳。閱國際通訊最近兩期所載材料，以經濟方面為多。該刊同人之見解，以為今後各國均將從事於外交經濟戰，以補軍事戰之不及，其看法亦非無根據也。整理積件，將未辦各件重加考慮之。下午小睡極酣，至四時始起。攜樂兒、明兒周行舍東西一週，參觀新造之會議廳，尚未竣工也。夜繼續整理文件，寫致九妹函。十時卅分寢。

12月7日　星期六　陰　五十八度

八時十五分起。整理外交文件及舊稿。寫寄憐兒一函。至舍外山徑步行一周。今日腦筋清淨，若能再有二、三日之休息，則心力之疲勞即可全復。惜下午有事，不能

久留。十二時午餐，食自種之君達菜及雪裡紅甚鮮美。
十二時卅分由老鷹岩動身，一時二十分返渝。唐、吳兩秘
書來接洽事務。三時參加國民參政員資格審查會，先報告
關於甲、乙、丙三項候選人案之文件，次就各方推荐之丁
項候選人中逐一審查其資格（以某事與騮先辯論，事後思
之仍覺涵養欠缺也）。至七時卅分散。即在中央秘書處晚
餐。與楚傖談卅分鐘歸。芷町來，商洽呈件。對胡大使來
電簽擬意見，頗費心思。十一時芷町去。與七弟、九妹、
辟塵等談。十一時卅分寢。

12 月 8 日　星期日　陰　六十度

　　七時四十五分起。昨晚服藥一丸半，睡眠尚酣適，
晨起精神亦佳。核閱國防委員會文件八件，處理公私函札
十件，閱本室區黨部件二件。如是碌碌半天，遂過去矣。
補讀委員長二日之訓詞（昨日見報）。閱星期評論及國際
通訊。午餐時與諸弟妹食小魚，甚以為樂。午後小睡至三
時起。閱南華日報載：汪逆就職前後所發表之文字談話。
四時謝冰心女士來談關於文化事業組及蔣夫人文學獎金各
事。閱六組情報及批表共約四十件。傍晚約唯果來，詢馬
寅初事。夜芷町來談平抑物價事。核呈文件十一件。研究
田賦改征實糧之辦法。芷町去後，複閱國民參政會之新舊
名單。各方推荐者異常冗濫，一般對此會缺乏認識可知。
為彙合研究之。就睡已將一時矣。

12月9日　星期一　陰　六十度

七時卅分起。處理公私函札八緘。閱報紙及參考消息畢，擬以抄件屬省吾而尚未到室，嚴辭戒飭之。十時至秘書廳。約盧主任談公事，處理總務方面之件。與岳軍在長途電話中談二十餘分鐘。復約劉壽朋君詢第三組情形，以壽朋將調赴成都行轅工作也。十二時十分往訪雪艇未晤。歸寓午餐畢。小睡未熟。二時卅分即起。閱秘書廳文件八件。六組情報與批表共三十件。與伯聰通電話，告以察哈爾主席可以畢澤宇暫代。傍晚唯果來談。胡醫官來為我打針。實之來談明日下午將開三次審查會。覆私電六件。夜處理四組文件。與四弟長談。一時寢。

12月10日　星期二　晴　六十一度

八時起。九時吳經熊君來訪未晤。旋吳文藻君來訪，談教育制度及中國造成現代青年之途徑甚詳。吳君為江陰人，卅九歲，任燕京教授多年，其夫人即謝冰心也。十一時到中央秘書處，與楚公談話，十一時卅分歸。核閱秘書廳件二件。接李幼椿函，即送四組轉呈委座。接季鸞九日函。希聖兩函，報告敵情。午餐後口授要旨，囑四弟撰委座致工程師學會祝電，既成，為修改之。小睡至三時。往中央黨部參加參政員資格審委會，至六時始畢。委座命赴黃山，時遲不果。歸後閱呈郭大使魚電。閱六組情報件十七件，並辦發私函三緘。心力已疲。九時卅分後處理四組公事十二件。發郭、宋電（為

借款事）。一時就寢。

12 月 11 日　星期三　晴　六十度

八時卅分起。閱關於參政會之各方函件。九時卅分往訪雪艇於中央宣傳部。商談參政會甲、乙、丙人選。十一時渡江去黃山。已聞敵機西飛消息，過海棠溪後聞空襲警報，十二時五分到達黃山。即往謁委員長於山舍，報告旬日來各事。奉交擬並修改答謝美國當局各電，並交外交件二夾（一、與各大使談話及宋之來往電；二、張、錢等來函及七月間各件），命保存之。一時警報解除，至官邸午餐畢，回室小睡，極沉酣，至四時醒。再謁委座，請圈定甲、乙、丙項之人選。麥鳴少校來訪遂先退。修改致羅斯福及赫爾謝電。八時卅分到官邸晚餐。食蝦仁蟹粉，極甘美。九時卅分回室，研究參政員丁項之人選。十一時就寢。

12 月 12 日　星期四　陰晴　六十一度

八時卅分起。昨晚就寢雖早，而入睡甚遲，已一時以後矣。大霧迷漫，擬回重慶而不可行。與王侍衛長、俞秘書談話以待之。十時聞敵機過恩施西飛，十時二十分與委座同乘車過江回渝。車中奉答垂詢之事甚多，並交下致美當局電。十一時到渝邸，即約唯果回寓，商量發電手續。最後決定電宋譯轉。處理公私函札約十緘。閱國防會件二件。十二時卅分午餐。一時到官邸，參加星期會談。

到十九人。與驪先、雪艇、芃生及陳伯莊詳談。席間博生、芃生、子纓、斌佳作報告。斌佳之報告極清晰而精要。三時散，歸寓。因注射藥劑，臂部作痛，欲午睡而不可得。何總長召集定期會報，亦竟不克出席，以電話請假焉。閱六組情報，先後約四十件，有處理不當者，即糾正之。晚餐後處理私函八緘，批國防會文件六件，核閱四組呈件十二件。十一時卅分後起草覆美海軍部長諾克斯電及致羅斯福總統第二電稿（為請求武器供給事）。腦筋疲滯，至一時完畢。與四弟略談即寢。

12月13日　星期五　陰　六十度

九時許起。睡眠終不能充足，精神不甚佳。接委員長兩次電諭，復發邵大使一電（為俄貨索現款美金事），並囑仲佳來，辦發代電二件。閱定函稿，並處理私函十緘。午餐時芷町來談考核委員會及設計局工作事，又奉諭續發邵大使一電。午後小睡未成，閱六組情報十二件、批表四件、四組文件十一件。今日為陰曆十一月十五日，余生滿五十歲矣。四弟、七弟、辟塵、德哥、望弟等置酒相祝，實之、孟祁、芷町、學素、皋兒均來同席十二人。為盡二杯。夜與諸友及家人閒談。至一時始就寢。

12月14日　星期六　陰　六十度

八時起。閱情報及雜誌，批閱秘書廳文件及節約經費表等。十時盧滇生君來談設計局與考核委員會進行情形

及秘書廳諸務，至十二時卅分始去。奉命至官邸，與顧孟餘君同午餐。餐畢，引顧君至四組辦公室小坐，談彼之工作與經濟建設事。託攜去致兩小兒一函。二時歸寓，遂不得午睡。三時卅分陶滌亞君來談，旋郭兆麟君來談。閱六組情報及批表。驌先來談。七時到官邸參加會餐，委員長約各部會局長，責成設法平抑食糧價格與一般物價，九時卅分到四組處理公事畢，回寓。十二時卅分寢。

12 月 15 日　星期日　陰　六十二度

九時許始起。連日稍覺疲勞，今日擬小作休息。致泉兒一函，又致古達程一函，附去蔣夫人一函，詢其最近健康。聞在醫治骨疾甚辛苦也。擬致海上諸友人函，心緒不佳，未及寫就而中輟焉。唯果來談約一小時，囑秘書廳簽請委員長任吳文藻為參事。午餐後實之來談中央黨部各事。午睡一小時起。閱六組情報及批表卅餘件。今日件數較多，且甚複雜，閱之甚費力。晚餐後芷町攜件來，為處理之。俞秘書來電話，委員長停閱公事一星期，普通件均命代行。十二時卅分寢。

12 月 16 日　星期一　陰　五十五度

七時卅分起。昨晚以開窗，受寒傷風，有咳嗽，今晨因有呈件，故未去參加紀念週。九時出席國防最高委員會第四十七次常會，孫哲生、馮煥章先生發表對於18AG延玩命令之意見。中樞要人意見未一，至可隱憂。通過田

賦得酌增實物一案。十二時卅分散會，與雨岩、鼎丞、果
夫諸先生略談歸寓。閱國防委員會文件後，小睡一小時。
奉召赴黃山，既至山中，氣候驟寒，傷風加劇。謁委員長
報告各事，交下文白所擬一文，命修改後送報館發表。又
口述要點，擬囑大公報撰文。回室研究後，八時到官邸晚
餐。研究參政員各件。十時畢。十一時寢。

12月17日　星期二　陰　五十六度

　　八時五十分起。世和來談，今日傷風，幸未加劇。
研究文白所呈一文「團結與服從」加以修改，又整理丁項
參政員名單，十時卅分往謁委員長，請初步圈定，並奉諭
可於星期一日開會。十一時下山，十二時到中央宣傳部，
與雪艇談特種宣傳等各事。一時同赴社論委員會午餐，餐
畢歸寓。閱國防委員會文件後，小睡至四時。到侍從長室
舉行本室定期會報，賀主任請假，由余主席。決議五案，
並與于、唐、陳組長談，應經常舉行業務會報事。七時回
寓晚餐。孟海、芷町來談。滇生來接洽公事。起草「反攻
之要件」一文要點。十時往訪芸生於大公報社，十一時
歸。十二時就寢。

12月18日　星期三　陰　五十六度

　　十時卅分起床。以昨晚就睡遲至嚮辰始酣睡也。閱
外交電報及情報，並處理國防最高委員會文件，覆私函五
緘。午餐後唯果來談。小睡極酣，至四時許始醒。閱六組

情報件十八件，批表十二件，讀國際通訊論文，摘呈季鸞來函，並奉諭覆邵大使電。晚餐後閱四組呈件十二件。芷町以平抑糧價、工價、物價之意見，留存審閱。九時卅分約百川來談港地情形及特種宣傳與理論闡揚等事，約談一小時餘而去。覆允默一函。處理各事畢，核閱芷町之條陳。時已午夜，精神尚佳，讀百川所著「三民主義與共產主義」小冊子，全書一四〇頁，簡潔明快，一氣讀完之，忘夜之深。既畢，寫寄百川一函，就枕已三時許矣。

12 月 19 日　星期四　陰晴　五十六度

八時十五分起。九時約重慶大學葉元龍校長來談，請其注意學潮不可疎懈。十時往訪楚傖先生，商定星期一開會之程序。十一時到秘書廳，約滇生、雲光來商量會議各件及油印參政員名單事。並對秦代組長有所指示。十二時卅分歸寓，與芷町、唯果略談，準備各件，未及午睡。三時渡江去黃山，謁委員長報告各事，至山舍小坐。委員長口授要旨，命預擬元旦告國民書。五時卅分渡江歸。到四組辦發電報一件，歸寓晚餐。餐畢，約六組、四組文件，與岳軍在長途電話接談卅分鐘。今夜又患傷風，咳嗽不止，仍服華達丸以治之。研究平價方案。至十二時就寢。

12 月 20 日　星期五　陰　五十六度

八時起。閱國防最高委員會文件。十時陳博生君偕

盧祺新君來訪。盧君將赴美任中央社特派員，詢余以內政外交上之注意點，盡所知而詳告之。十一時卅分雪艇來談宣傳業務、參政會事及金融經濟物資等問題。尤注意於英美借款之用途及主持經濟金融之人選。午餐後續談一小時而去。小睡片刻。四時出席財政教育兩專門委員會聯席會議，審查西南測候網案，中央研究院所提也。今夜效實諸友為四弟生辰在余寓設筵相祝，君誨先生、德哥等均到。晚餐後閱六組、四組文件。委員長將芷町所上平抑糧價條陳批閱後交下，為研究指示芷町辦發。雲光來談。整理參政員名單至十二時卅分寢。

12月21日　星期六　陰　五十四度

七時卅分起。盧主任滇生來談。八時出席本室研究大會，厲生來報告「黨的力量應如何健全」，講演約一小時餘。會畢，邀厲生到余之辦公室小坐，談考核委員會之工作。十時返寓，閱報。月笙來談黃溯初建議事及港中各事。十二時到官邸參加黨務會報，到二十人。其中六人係臨時約請者。午餐畢，與騮先、楚傖等談。二時卅分歸寓，小睡至五時許醒。蓋昨夜睡眠又不足也。羅佩秋、萬君默兩君來談，約一小時而去。晚餐畢，閱第六組情報件二十八件，處理甚費力。整理星期一議案附件，囑雲光兄來，交其攜去付印。處理國防會文件及私人函件。約胡秋原君來談，口授作文之要旨。閱國際通訊。十二時寢。

12 月 22 日　星期日　陰　五十六度

八時起。閱參考消息各件。寫寄私函數緘。陳克成君來談，以留渝一年餘，現任宣傳為員，太覺閒散，願任實際工作。並談新聞檢查局任事之經驗，十一時始去。閱六組情報十餘件。午後小睡約一小時卅分，曚曨中似仍在處理公事，蓋腦力不濟矣。三時醒，閱希聖所著日汪密約十論。四時往謁委員長後，至辦公室處理文件十二件。六時再往見，報告明日常會議程，並陳述對當前時局之意見。七時歸寓晚餐，夜閱書報，並審閱明日議程之油印件。十二時寢。

12 月 23 日　星期一　陰　五十五度

七時卅分起。八時參加紀念週，由陳樹人先生報告。九時舉行國防委員會第四十八次常會（係臨時召集），審議第二屆參政員全部名單。十時接開中央常會，予以核定。十一時散會，與同茲等接洽發表新聞，旋即歸寓。鄒韜奮來訪，談出版界情形，對審查標準多所評論，為一一指正之。十二時往官邸，陪高廷梓（港澳總支部書記長）謁委員長。十二時卅分杜月笙君來謁。即往官邸共席午餐。參畢，與杜君在辦公室中坐談久之，深覺其忠誠堅卓為不可及。二時歸寓小睡，至三時醒。接默第五號函及王芸生君函。五時健中來談，晚餐後去。八時公展來談。十時後處理公文。芷町來談。十二時寢。

12月24日　星期二　陰雨　五十四度

八時卅分起。改定訓詞（湘行政會議）一件。約四弟來談工作及一般刊物最近之動向。聞今晨行政院特約各有關人員討論經濟安定問題，尤注重于平抑物價之治本辦法。蓋自楊全宇以囤積伏誅以後，社會均望政府有進一步之處置也。處理國防最高委員會文件六件，寄溯中一函。十二時到賀貴嚴家午餐，到甘自明、魏伯聰、周普文、蔣廷黻等八人。餐畢，討論經濟作戰部即物資統監部各事。至五時許始散。此舉為新創之機關，端緒甚為複雜，故仍未得結論也。六時卅分王子壯、馬司長來訪。周國創君來。七時閱六組情報。八時小睡，補足睡眠。十時芷町來，商洽四組公事。十二時五十分寢。

12月25日　星期三　陰雨　五十四度

八時起。閱六組批表十餘件。發總領事電，催沈參事提早返國。十時往訪季陶，以初到疲甚，在休息中，未晤談。十時卅分往秘書廳批辦公文六件。指示秦組長分配辦公室之辦法。十二時卅分歸寓午餐。餐畢處理私函十餘件。小睡至四時許始起。閱六組情報十餘件，代批四件。邵毓麟兄來談。七弟來談。晚餐後季陶來談南行經過及當前經濟對策，約一小時去。唯果來談甚久。閱明日議案。批閱第四組文件。芷町來談見孔情形。十一時寢。

12 月 26 日　星期四　陰　五十六度

　　八時二十分起。滄波來談監察院預算及考察團職權
與索閱進度表等事。九時卅分到國防最高委員會秘書廳，
出席業務會報，約一小時畢。處理公文七件。約雲光來
談。黃山來電話，約往午餐，以事冗未能往。十二時卅分
歸寓，一時午餐後小睡，至二時卅分起。閱六組文件。四
時到軍委會參加特種會報，到十餘人。七時會畢，歸寓。
覺疲乏已甚。閱胡秋原所撰之演詞稿，平平未見精彩。夜
不作事，與四弟、皋兒閒談。十時卅分寢。

12 月 27 日　星期五　陰　五十四度

　　八時起。昨晚睡眠充足（約睡九小時），今日精神
殊覺爽適，頭腦亦更清晰矣。寫寄允默第四號函。處理私
函數緘。國防會文件七件。閱報紙及情報。十一時卅分與
顧孟餘君渡江到黃山。應委員長約午餐。談英美專家助我
設計之項目：（一）外匯與平衡基金之業務；（二）法幣
與物價之穩定；（三）對敵經濟封鎖及淪區物資之利用；
（四）如何增加出口物資量；（五）交通運輸改善及修築
公路鐵路；並談國際時事及黨派問題。二時卅分辭歸，三
時到渝，小睡至五時起。閱六組情報件十二件，約唯果
來，商文字。夜平遠來談陝邊及蘇北軍事。改定童子軍檢
閱訓詞。十二時就寢。

12月28日　星期六　陰　五十四度

八時起。昨晚睡眠又不甚佳，今日因須準備文字不能不早起。略進早餐後，即核辦國防委員會文件，處理函札，並閱情報。委員長有飭查平價機關之手令，約芷町來即發辦之。命竺副官來，指示業務。本室定例會報無暇參加，囑唯果代表五組出席，並以考績辦法及本室紀念週不必舉行之意囑其向會報建議。處理既畢，已將正午，約盧滇生來商公事，並致送特別費。午後小睡至三時起。修改委員長告全國國民書，至夜八時完畢，長約四千言。即命謄繕呈閱。十時芷町來談公事，接季鸞來函即轉呈。核辦四組、六組文各十餘件。十二時就寢。

12月29日　星期日　晴　五十四度

八時起。寫寄蔣夫人一函，並閱共黨情報，研究抗戰大局，深覺漸入艱鉅階段矣。接委員長電話，為某公用機關購存大量糧食事，即赴四組辦公室，辦發代電四件，並研究情報件，繕簽呈四件。指示鄭組員工作。與魏秘書長接洽經濟會報等事。十一時卅分往訪賈嚴主任，商本室考績及物資統監部之組織。十二時參加星期會談，到二十人。席間郭斌佳報告最詳，二時卅分散。委員長交下元旦文告，另授新意，命重新改撰。歸寓小睡約一小時。四時委員長再命往見，續商文字內容。退至四組辦發關於平價之命令及新聞。六時後始克動筆。將告國民書根本重擬，至十一時完畢。十二時寢。

12月30日　星期一　晴　五十五度

七時卅分起。以文稿寄呈委員長，在寓補閱公事，未及參加紀念週。八時卅分往國府，九時舉行國防最高委員會第四十九次常會，議決議案四件、財政案四十六件。時聞有警報，十一時散會。約雲光、鍊才兩兄至余寓小憩，以彼等返會路途太遠也。十二時後聞敵機襲蓉，在郊外掃射後逸去，警報解除，乃小睡一小時餘，以補足昨睡之不足。四時閱六組情報件及四組文件。秘書廳秦組長來談。六時委員長以改正之文稿交下，命再整理補充之。七時與岳軍通長途電話。十時將文稿整理完畢。孟海來談。十二時十五分寢。

12月31日　星期二　陰　五十六度

八時起。閱報載羅斯福總統卅日爐邊談話廣播詞全文（合眾社電），較路透、海通兩社原稿為詳。以委員長命，引用其詞，加入告全國軍民演詞內，乃加擬一段，親攜至黃山呈核。九時五十分與金書記同渡江，兩謁委座，將稿改定，並請示數事。知委員長近日以親書手諭過多，右臂作痛，乃與俞秘書接洽，囑其隨時承命代書。蓋此事非謹慎機密如俞君者不辦也。十二時卅分下山，一時後渡江返渝寓。約顯光來談，以演詞稿涉及對美部分之一段先交發表。秘書廳秦組長及楊總幹事子鏡來，請示各件，均即指示之。二時後小睡不成眠，三時即醒。又奉電諭，將文稿最後改定，親為整理交繕。為此一篇文字，費去四天

光陰，殊覺近來撰擬文告之太煩難矣。五時翁部長詠霓
來，詳談以經濟部所屬單位職員被傳問查帳有辭職之意。
盡力慰譬之。七時委員長將演詞廣播，約二十五分完畢，
即交中央社發表。夜芷町來談，核四組文件十六件，以詠
霓函呈委員長，又為謝健簽請以參議任用。與細兒談話。
十時卅分寢。

民國日記 10

陳布雷從政日記（1940）
The Official Diaries of Chen Pu-lei, 1940

原　　著　陳布雷
總 編 輯　陳新林、呂芳上
執行編輯　林弘毅
封面設計　陳新林
排　　版　溫心忻

出 版 者　 開源書局出版有限公司
　　　　　香港金鐘夏愨道 18 號海富中心
　　　　　1 座 26 樓 06 室
　　　　　TEL：+852-35860995

　　　　　民國歷史文化學社
　　　　　10646 台北市大安區羅斯福路三段
　　　　　　　　37 號 7 樓之 1
　　　　　TEL：+886-2-2369-6912
　　　　　FAX：+886-2-2369-6990

銷 售 處　深流成文化 股份有限公司
　　　　　10646 台北市大安區羅斯福路二段
　　　　　　　　37 號 7 樓之 1
　　　　　TEL：+886-2-2369-6912
　　　　　FAX：+886-2-2369-6990

初版一刷　2019 年 9 月 25 日
定　　價　新台幣 300 元
　　　　　港　幣　80 元
　　　　　美　元　11 元
I S B N　978-988-8637-17-1
印　　刷　長達印刷有限公司
　　　　　台北市西園路二段 50 巷 4 弄 21 號
　　　　　TEL：+886-2-2304-0488